식품 산업과 인공지능

AI문고

인공지능 시대입니다. 기계가 인간의 인지를 대신하고, 사물이 인간을 통하지 않고 다른 사물과 직접 커뮤니케이션합니다. 이에 따른 인간 삶과 문명 변화를 정확히 이해 · 예측 · 대응하는 것은 이 시대 우리 모두의 과제입니다. AI문고는 인공지능 기술과 환경의 여러 주제를 10가지 키워드로 정리합니다. 관련 개념과 이론, 학계와 산업계의 쟁점, 우리 일상의 변화를 다룹니다. 인간과 기술의 현재, 미래를 세심히 분석합니다.

일러두기

- 인명, 작품명, 저서명, 개념어 등은 한글과 함께 괄호 안에 해당 국가의 원어를 병기했습니다.
- 외래어 표기는 현행 어문규정의 외래어표기법을 따랐습니다. 다만 '솔루션'은 관행을 따랐습니다.

처음이세요?

전문가세요?

식품 산업과 인공지능

김상오

대한민국, 서울, 커뮤니케이션북스, 2025

식품 산업과 인공지능

지은이 김상오
펴낸이 박영률

초판 1쇄 펴낸날 2025년 3월 21일

커뮤니케이션북스(주)
출판 등록 2007년 8월 17일 제313-2007-000166호
02880 서울시 성북구 성북로 5-11
전화(02) 7474 001, 팩스(02) 736 5047
commbooks@commbooks.com
www.commbooks.com

ISBN 979-11-7307-843-9 03500

책값은 뒤표지에 표시되어 있습니다.

차례

식품 산업에서 인공지능 응용 방안

21세기의 기술 혁신은 우리의 삶을 근본적으로 변화시키고 있다. 인공지능(Artificial Intelligence, 이하 AI로 표기)은 그중에서도 가장 주목받는 기술로, 여러 산업 분야에서 혁신을 이끌며 새로운 가능성을 열고 있다. 현대 식품 산업은 인구 증가와 소비자 요구의 다양화 그리고 기후 변화와 같은 환경적 도전 과제에 직면하고 있다. AI는 이러한 문제를 해결하는 혁신적인 도구로 주목받고 있다. AI 기술은 자동화뿐 아니라 데이터에 기반한 의사 결정을 가능케 하면서 식품 생산, 유통, 품질 관리, 소비자 맞춤형 제품 개발까지 광범위한 영역에서 활용되고 있다.

특히 AI는 방대한 양의 데이터를 분석해 작물 재배 최적화, 가공 과정의 효율화, 폐기물 감소, 지속 가능성 증대에 기여하고 있다. 또한 소비자의 식품 선호도를 예측하거나 건강 맞춤형 식단을 제안하는 데에도 활용되면서 개인화된 식품 서비스를 진화시키고 있다. 이러한 기술적 융합은 산업 발전을 넘어 인류의 식량 안보와 건강 증진에 중요한 역할을 할 것으로 기대된다.

이 책은 "식품 산업과 인공지능"이라는 주제로 AI가 식품 산업에 미치는 영향을 다각도로 분석하고, 최신 연구 사례를 통해 식품 생산과 유통, 소비에 걸친 AI 기술의 응용 가능성을 살펴보고자 한다. 이를 통해 지속 가능한 식품 산업 구축과 소비자 중심의 기술 혁신 방향을 제시하고자 한다.

4차 산업혁명

4차 산업혁명은 디지털 기술, AI, 사물인터넷(Internet of Things, IoT), 빅데이터, 로봇공학, 3D 프린팅 등 혁신적인 기술들이 융합되어 인간의 삶과 경제 구조를 근본적으로 변화시키는 시대를 말한다. 이 혁명은 기술적 발전에 그치지 않고 전 세계적으로 산업 전반에 걸친 근본적 변화를 이끌고 있다.

산업혁명의 시작은 18세기 증기기관 발명에서 비롯한 1차 산업혁명으로 거슬러 올라간다. 이 혁명은 농업 중심 사회에서 기계화에 기반한 산업화 사회로 전환되는 중대한 전환점이었다. 증기기관은 대량 생산과 더불어 새로운 교통수단인 철도와 선박의 발달을 촉진해 경제 구조에 혁신을 가져왔다. 19세기 후반 2차 산업혁명에서는 전기와 대량 생산 기술이 도입되어 생산 효율성과 품질이 크게 향상되었다. 이 시기에는 조립 라인 개념이 발전하며 자동차 산업과 같은 대규모 산업이 탄생했다.

20세기 중반에 들어서는 정보통신 기술의 발전을 중심으로 3차 산업혁명이 시작되었다. 컴퓨터와 인터넷의 도입은 정보 저장 · 전달 방식을 혁신적으로 변화시켰다. 이로써 디지털화가 모든 산업의 기반 기술로 자리 잡았다. 이를 통해 글로벌화가 가속화되고 지식 경제가 활성화되었다.

4차 산업혁명은 이 모든 흐름의 연장선상에서 디지털과 물리적 · 생물학적 시스템 간 경계를 허물며 시스템의 복잡성과 상호 연결성을 극대화하고 있다. AI와 사물인터넷이 융합된 스마트 공장은 실시간으로 데이터를 수집하고 분석해 생산성을 극대화하며 환경에 미치는 영향을 최소화한다. 또한 개인화된 소비자 경험을 제공하는 기술과 지속 가능한 공급망 관리 시스템은 글로벌 경제 구조를 재편하고 있다.

4차 산업혁명의 주요 기술

4차 산업혁명의 핵심은 다양한 첨단 기술이 융합되어 기존 산업 구조와 비즈니스 모델을 재구성하는 데 있다. 주요 기술은 다음과 같다.

AI

AI는 데이터 분석과 의사 결정을 자동화하고 인간의 복잡한 사고 과정을 모방하는 기술이다. AI는 제조업에서 생산 자동화를 구현하고, 의료 분야에서는 질병 진단을 개선하며, 금융 산업에서는 투자 전략을 최적화하는 데 사용된다.

사물인터넷

사물인터넷은 다양한 기기가 인터넷에 연결되어 데이터를 주고받을 수 있는 기술을 말한다. 스마트홈 기기, 스마트 시티 인프라 그리고 산업용 사물인터넷(IIoT)은 효율성을 높이고 자원의 최적화와 실시간 모니터링을 가능하게 한다.

빅데이터와 분석

빅데이터는 대규모 데이터 세트를 수집하고 분석해 유의미한 통찰을 도출하는 기술이다. 고객 행동 분석, 시장 예측, 생산 최적화 등 다양한 분야에서 빅데이터는 필수적 도구가 되었다.

블록체인

블록체인은 분산 원장 기술로, 투명성과 보안을 동시에 제공한다. 금융 거래, 공급망 관리, 의료 기록 등의 분야에서 블록체인은 신뢰를 구축하는 중요한 기술로 자리 잡았다.

로봇공학

로봇공학은 자동화된 로봇을 설계, 제작, 운영하는 기술을 가리킨다. 4차 산업혁명에서 로봇은 제조업, 물류, 서비스업 등 다양한 분야에서 활용되고 있다.

3D 프린팅

3D 프린팅은 설계된 디지털 모델을 기반으로 물체를 제작하는 기술이다. 이는 맞춤형 제품 제작, 신속한 프로토타이핑, 비용 절감 등의 이점을 제공한다.

4차 산업혁명이 가져오는 변화

4차 산업혁명은 경제적 · 사회적 · 윤리적 측면에서 큰 변화를 가져오고 있다.

경제적 변화

4차 산업혁명은 생산성 향상과 비용 절감을 통해 새로운 경제적 기회를 창출하고 있다. 자동화와 디지털화는 노동의 형태를 변화시키며 새로운 일자리와 함께 기존 직업의 대체를 가져온다. 플랫폼 경제와 공유 경제의 확산은 기업과 소비자의 관계를 재정의하고 있다. 스마트 공장은 AI와 사물인터넷을 활용해 생산 공정을 최적화하고, 제조업체들이 맞춤형 생산을 할 수 있게 해 소비자의 다양한 요구를 충족할 수 있다.

예를 들어 자동차 제조업체 BMW는 스마트 팩토리를 통해 대규모 맞춤형 생산을 구현하고 있으며, 이를 통해 비용을 절감할 뿐 아니라 소비자 만족도를 대폭 향상하고 있다. 이러한 경제적 변화는 생산성과 고객 경험을 동시에 개선하면서 새로운 시장 기회를 창출하고 있다.

사회적 변화

스마트 기술은 인간의 일상생활을 더욱 편리하고 효율적으로 만들고 있다. 예를 들어 스마트 시티 기술은 교통 체증 완화, 에너지 효율성 향상, 공공 서비스 개선 등을 가능하게 한다. 공공 인프라에 사물인터넷 센서를 설치해 실시간 데이터를 수집함으로써 도로의 교통 흐름을 최적화하고 에너지 소비를 줄일 수 있다.

그러나 기술 격차로 인해 디지털 소외 문제가 심화할 가능성도 있다. 디지털 기술에 대한 접근성이 떨어지는 지역은 이러한 혜택을 누리지 못할 수 있으며, 이는 사회적 불평등을 확대할 위험을 내포한다. 이러한 문제를 해결하려면 기술 교육과 인프라 확충이 병행되어야 한다.

윤리적 도전

4차 산업혁명은 데이터 프라이버시, 알고리즘 편향성, 일자리 대체 등 윤리적 논쟁을 수반한다. AI가 소비자의 행동 데이터를 분석하는 과정에서 발생할 수 있는 개인정보 침해 문제는 큰 문제로 대두하고 있다. 예를 들어 케임브리지 애널리티카(Cambridge Analytica)가 페이스북(Facebook) 가입자들의 프로필을 무단으로 수집한 사건은 데이터 프라이버시의 중요성을 다시금 부각했다.

알고리즘의 편향성도 또 다른 중요한 문제다. AI 모델이 학습하는 데이터가 특정 그룹에 치우쳐 있다면 결과 역시 편향될 가능성이 크다. 이를 해결하려면 다양성을 갖춘 데이터와 AI 시스템의 투명성을 강화하는 기술적 · 법적 규제가 필요하다.

식품 산업의 진화와 현대적 양상

식품 산업은 인류 문명의 발전과 함께 진화해 왔다. 수렵과 채집 중심의 초기 식생활부터 농업의 발달 그리고 현대의 대규모 식품 가공과 글로벌 유통망에 이르기까지 식품 산업은 기술과 사회적 요구에 따라 변화해 왔다. 오늘날의 식품 산업은 과거에 비해 그 변화의 규모와 속도가 압도적이며, 특히 현대의 기술 혁신은 식품 산업의 구조와 운영 방식을 근본적으로 바꾸어 놓았다. 식품 산업의 과거와 오늘을 비교하며 발전 과정에서 형성된 주요 특징, 현재의 산업적 도전과 기회를 탐구해 보자.

과거의 식품 산업

식품 산업의 기원은 농업혁명으로 거슬러 올라간다. 인간은 약 1만 년 전부터 농업을 통해 작물과 가축을 길렀으며, 이를 통해 안정적인 식량 공급을 가능하게 했다. 초기 농업 사회에서는 밀, 쌀, 옥수수와 같은 주요 곡물이 주된 식량원이었으며, 소규모 자급자족 농업이 일반적이었다. 이 시기의 식품 생산은 지역적 한계를 가졌으며 저장 기술의 부족 탓에 계절에 따라 식량의 가용성이 크게 달라졌다.

18세기 산업혁명은 식품 산업에도 큰 변화를 가져왔다.

기계화와 새로운 공정 기술의 도입으로 대량 생산이 가능해졌으며, 도시화가 진행되면서 식품의 대규모 유통과 소비가 시작되었다. 이 시기의 주요 변화는 통조림 기술, 냉동 기술의 발달과 철도 · 선박 등 운송 수단의 발전이었다. 이러한 기술은 식품의 보관 및 운송 능력을 혁신적으로 향상했으며, 글로벌 식품 시장의 초석을 마련했다.

20세기 중반에 이르러 식품 산업은 더욱 복잡하고 전문화되었다. 냉장고와 같은 가정용 전자 기기의 보급은 식품 보관 방식을 혁신했으며, 이에 따라 즉석식품과 가공식품의 인기가 급증했다. 대규모 식품 기업은 브랜드 중심의 마케팅 전략을 통해 소비자들의 신뢰를 구축했고, 이러한 기업은 전 세계적 유통망을 기반으로 글로벌 브랜드로 성장했다. 이 시기의 식품 산업은 효율성과 편의성을 중시하는 방향으로 발전했다.

오늘날의 식품 산업

오늘날의 식품 산업은 기술 혁신과 소비자 중심의 변화, 글로벌화와 지역화가 조화를 이루고 있다. AI, 사물인터넷, 빅데이터, 블록체인 등 첨단 기술이 생산, 유통, 소비의 모든 단계를 혁신하고 있다. 예를 들어 AI 기반 품질 관리 시스템은 생산 공정에서 결함을 실시간으로 탐지하고, 사물인터넷은 스마트 농업을 통해 작물의 생산성을 최적화한다. 블록체인은 공급망 투명성을 보장하며, 소비자들에게 제품 생산 과정에 대한 정보를 신뢰할 수 있는 방식으로 제공한다.

건강, 지속 가능성, 윤리적 소비에 대한 현대 소비자의 관심이 높아지고 있다. 이러한 변화는 식품 산업의 운영 방식을 변화시키고 있다. 건강 기능성 식품, 유기농 식품, 비건 식품과 대체 단백질 식품의 수요가 증가하고 있으며, 기업들은 이러한 트렌드에 부응하기 위해 새로운 제품 개발에 주력하고 있다. 아울러 대형 다국적 기업은 전 세계적으로 동일한 품질과 맛을 제공하고, 로컬 푸드 운동과 같은 지역적 접근은 소비자들에게 신선함과 친환경 가치를 제공하고 있다. 이러한 양극화된 흐름은 식품 산업의 다양성과 복잡성을 잘 보여 준다.

과거와 오늘의 비교

오늘날 식품 산업은 생산 기술, 소비자 요구, 지속 가능성과 윤리적 책임이라는 세 가지 주요 측면에서 과거와 크게 달라지고 있다. 과거의 식품 생산은 노동 집약적이고 지역 중심적이었다. 기술적 한계 탓에 농업과 식품 생산은 지역 내에서 이루어졌으며, 대량 생산과 글로벌 유통은 상상하기 어려웠다. 반면 오늘날의 식품 산업은 자동화와 디지털화를 통해 생산성과 효율성을 극대화하고 있다. AI와 사물인터넷은 생산 공정을 실시간으로 모니터링하고 최적화하며 글로벌 네트워크를 활용해 전 세계 소비자에게 제품을 제공할 수 있게 한다.

소비자 요구도 과거와 크게 달라졌다. 과거 소비자들의 주된 관심사는 생존을 위한 식량 확보였으나, 현대 소비자는 맛, 건강, 지속 가능성과 같은 다양한 가치를 고려해 식품을 선택한다. 이는 식품 산업이 식량 공급을 넘어 소비자 경험과 만족도를 창출하는 산업으로 전환되었음을 보여 준다. 건강 기능성 식품, 유기농 식품, 비건 식품의 수요 증가가 이를 뒷받침한다.

또한 지속 가능성과 윤리적 책임이 오늘날의 식품 산업에서 중요한 역할을 하고 있다. 과거에는 생산성과 효율성이 식품 산업의 주요 목표였다. 그러나 현대의 소비자와 규제 기관은 환경 영향을 최소화하고 공정 무역과 동물 복지를 고려하는 생산 방식을 요구하고 있다. 이는 기업들에게 새로운 도전 과제와 기회를 준다. 예를 들어 블록체인 기술을 활용한 공급망 투명성 강화와 지속 가능한 농업 관행 도입은 기업들이 지속 가능성과 윤리적 책임을 실현하는 데 기여하고 있다.

이러한 변화들은 식품 산업을 복잡하고 역동적인 분야로 만들었다. 기술 혁신과 사회적 요구가 결합해 식품 산업의 새로운 기회를 창출하고 있다. 식품 산업은 지속 가능성과 기술 혁신을 통해 더 나은 미래를 만들어 갈 잠재력을 가지고 있다. 이를 위해 기업, 소비자, 정책 입안자가 협력해 도전 과제를 해결하고 지속 가능한 발전을 위한 길을 모색해야 할 것이다.

AI와 식품 산업의 만남

식품 산업은 우리 일상과 가장 밀접하게 연관된 분야 중 하나로, 생산 효율성, 품질 관리, 소비자 경험 등 다양한 측면에서 혁신을 필요로 한다. AI는 이러한 필요를 충족하는 핵심 기술로 자리 잡으며 식품 산업의 새로운 패러다임을 형성하고 있다. 생산 자동화, 맞춤형 식품 개발, 윤리적 소비 촉진 등 AI가 실현하고 있는 변화는 소비자와 기업 모두에게 더 나은 가치를 제공하고 있다.

AI는 기술 혁신을 넘어 우리의 일상과 산업 구조를 근본적으로 변화시키고 있다. 특히 식품 산업에서 AI는 자동화를 넘어 새로운 패러다임을 형성하고 있다. 인간에게 가장 기본적이고 본질적인 요소인 식량을 다루는 이 산업은 AI를 도입하면서 생산에서 소비에 이르기까지 혁신적인 전환을 겪고 있다.

수작업 중심의 생산 방식은 점진적으로 자동화되었고, AI 기술이 도입되어 그 효율성과 정밀도가 상상할 수 없을 만큼 향상되었다. AI는 품질 관리, 공급망 최적화, 소비자 맞춤형 제품 설계와 같은 영역에서 실질적 가치를 창출하며 식품 산업을 한 단계 더 발전시키고 있다. 예를 들어 생산 과정에서 실시간 데이터 분석을 통해 결함을 탐지하거나 빅데이터와 머신러닝을 활용해 소비자의 선호도를 예측하고 그에 맞는 신제품을 개발하는 사례는 이제 흔한 일이 되었다.

이러한 기술 혁신은 단순히 산업의 효율성을 높이는 데 그치지 않고 지속 가능성이나 윤리적 책임과 같은 더 큰 목표를 추구하는 데 기여하고 있다. AI를 통해 에너지 소비를 줄이고, 자원 낭비를 최소화하며, 지속 가능한 농업과 식품 생산 체계를 구축할 수 있는 가능성이 열리고 있다. 예를 들어 스마트 농업 기술은 토양과 작물 데이터를 실시간으로 분석해 물과 비료 사용량을 최적화하며, 이를 통해 환경 영향을 최소화한다.

AI와 식품 산업의 만남은 기술의 도입과 활용을 넘어 인간과 기술의 협력을 통해 더 나은 미래를 설계하는 과정을 의미한다. 소비자 맞춤형 식품 개발에서 글로벌 식품 공급망의 투명성 확보에 이르기까지 AI는 새로운 도전 과제를 해결하고, 혁신을 촉진하며, 새로운 기회를 창출하고 있다.

이 책의 구성

이 책은 AI와 식품 산업의 융합이 가져오는 변화와 그 의미를 심층적으로 탐구한다. AI 기술이 식품 산업의 어떤 영역에서 가장 강력한 변화를 이끌어 내고 있는지, 이러한 변화가 소비자 · 기업 · 환경에 어떤 영향을 미치고 있는지 살펴보고 이 혁신이 식품 산업의 미래에 어떻게 기여할 수 있을지 전망할 것이다. AI와 식품 산업이 만나는 지점은 단순한 기술 혁신이 아니라 산업의 전환과 인간 생활의 질적 향상을 동시에 추구하는 도약의 순간이다.

이 책은 AI와 식품 산업의 융합이 가져온 변화와 가능성을 종합적으로 다루기 위해 10개의 챕터로 구성되었다. 각 챕터는 독자가 AI 기술의 기초부터 고도화된 응용 사례까지 체계적으로 이해할 수 있도록 설계되었다. "식품 산업의 혁신과 AI"에서는 AI가 식품 산업에 가져온 전반적인 혁신과 그 배경을 조망한다. "생산 최적화를 위한 AI 솔루션"에서는 AI에 기반한 생산 자동화와 자원 최적화 사례를 탐구한다. "품질 관리와 안전성 강화"는 AI

가 품질 검사와 식품 안전성을 향상하는 데 어떻게 기여하는지 설명한다. "수요 예측과 공급망 관리"는 AI를 활용한 효율적 공급망 운영과 물류 최적화 전략을 소개한다. "맞춤형 식품 개발의 미래"에서는 AI를 활용한 개인화된 식품 설계와 관련 기술을 다룬다. "소비자 경험과 마케팅의 디지털화"에서는 AI가 소비자 데이터를 분석해 개인화된 마케팅 전략을 구축하는 과정을 살펴본다. "지속 가능한 식품 산업을 위한 AI"는 환경적 지속 가능성을 달성하기 위한 AI 솔루션과 혁신 사례를 다룬다. "글로벌 식품 산업에서 AI 적용 사례"에서는 전 세계 주요 식품 기업들이 AI를 활용해 성공적으로 혁신을 이루고 있는 사례를 분석한다. "AI 구현을 위한 기술적 기초"는 AI를 식품 산업에 도입하는 데 필요한 기술적 요소를 체계적으로 설명한다. "식품 산업과 AI의 미래 전망"에서는 AI가 미래 식품 산업의 변화를 어떻게 이끌어 갈지 논하고 그러한 변화에 따른 도전과 기회를 살핀다.

독자에게 전하는 말

이 책은 AI 기술을 깊이 있게 이해하고 식품 산업에서 AI의 실질적 적용 가능성을 탐구하려는 독자를 위한 지침서다. 연구자, 산업 종사자, 정책 결정자뿐 아니라 AI와 식품 산업의 융합에 관심이 있는 모든 독자에게 유용한 통찰을 제공할 것이다.

식품은 인간의 삶에 필수적인 요소이며, AI는 이를 더욱 풍요롭고 지속 가능한 방식으로 만들어 가고 있다. 독자 여러분이 이 책을 통해 AI와 식품 산업의 가능성을 이해하고, 이를 통해 더 나은 미래를 구상할 수 있기를 희망한다.

참고문헌

김상오(2023.10.31). [과학] 인공지능 기술과 만난 푸드산업. 대학원신문, https://gspress.cauon.net/news/articleView.html?idxno=30127

Baldwin, C. J.(Ed.)(2011). *Sustainability in the Food Industry*. Wiley-Blackwell.

Isaak, J. & Hanna, M. J.(2018). User data privacy: Facebook, Cambridge Analytica, and privacy protection. *Computer*, 51(8), pp.56-59.

Kabasakal, İ. et al.(2017). From mass customization to product personalization in automotive industry: potentials of industry 4.0. *Journal of Management Marketing and Logistics*, 4(3), pp.244-250.

Kumar, I. et al.(2021). Opportunities of artificial intelligence and machine learning in the food industry. *Journal of Food Quality*, 2021(1).

Misra, N. N. et al.(2020). IoT, big data, and artificial intelligence in agriculture and food industry. *IEEE Internet of things Journal*, 9(9), pp.6305–6324.

Panch, T. et al.(2019). Artificial intelligence and algorithmic bias: implications for health systems. *Journal of global health*, 9(2).

Skilton, M. & Hovsepian, F.(2018). *The 4th Industrial Revolution*. Springer Nature.

01
식품 산업의 혁신과 AI

식품 산업은 인류의 기본적 필요를 충족하고 경제, 환경, 건강과 같은 글로벌 문제를 해결하는 데 중요한 역할을 한다. 최근 AI의 발전은 식품 산업의 혁신을 가속화하고 있으며, 생산에서 소비까지 모든 과정에서 큰 변화를 불러오고 있다. AI는 기존 시스템의 한계를 극복하고, 새로운 기회를 창출하며, 지속 가능한 미래를 위한 도구로 자리 잡고 있다.

AI와 1인 창업?

식품 생산에서의 혁신

AI는 농업 생산성을 높이고, 환경에 미치는 영향을 줄이는 데 중요한 역할을 하고 있다. 정밀 농업 기술은 사물인터넷 센서, 위성 이미지, 드론 데이터를 활용해 토양 상태, 수분 수준, 병충해 발생 가능성을 실시간으로 분석한다. 이러한 데이터는 농부가 최적의 재배 조건을 설정하고 자원 낭비를 줄이는 데 기여한다. AI 기반 시스템은 파종, 관개, 수확의 자동화를 가능하게 하며, 특히 노동력 부족 문제를 해결하는 데 도움을 준다.

스마트 농업의 대표적 사례로는 존디어(John Deere) 등의 기업이 개발한 자율 트랙터와 AI 기반 농업 장비가 있다. 이 장비는 농업 데이터를 수집하고, 기계 학습을 통해 최적의 농업 활동을 자동으로 수행한다. 또한 위성 이미지를 활용해 작물의 생장 상태를 모니터링하는 기술도 널리 사용되고 있다. 카메라 시스템과 컴퓨팅 파워가 한층 진화한 '2세대 자율주행 키트'는 작업 속도를 40퍼센트 이상 높이고 작업 범위를 기존의 두 배로 넓혔다. 이러한 기술은 농업 생산성을 극대화하고 환경 보호와 비용 절감을 동시에 달성하는 데 기여한다.

AI는 유전 알고리즘을 활용해 작물 배치를 최적화할 방법을 제공한다. 이는 자원 활용의 효율을 높이고 병충해를 줄이는 데 도움을 주며, 수확량을 극대화하는 데 기여한다. 정밀 농업은 대규모 농장뿐 아니라 소규모 농업에도 그 적용 가능성이 높아지고 있다.

식품 가공과 품질 관리

가공 과정의 효율성 향상

AI는 식품 가공 과정의 효율성을 높이는 데 중요한 역할을 하고 있다. 머신러닝 알고리즘은 생산 라인의 데이터를 실시간으로 분석해 오류를 감지하고, 불량품이 생산되기 전에 문제를 해결한다. 아울러 초고속 카메라와 AI 기술이 결합되어 이물질을 즉시 탐지하고 제거하는 시스템이 개발되었다. 이는 생산의 정확성을 높이고 낭비를 줄이는 데 기여한다.

품질 평가 기술의 혁신

품질 관리에서는 AI 기반 전자 코(E-nose)와 전자 혀(E-tongue)가 식품의 맛, 신선도, 질감을 평가하는 데 사용되고 있다. 이 기술은 특히 유제품, 과일, 음료 산업에서 널리 사용되며, 품질을 유지하고 신뢰도 높은 소비자 경험을 제공한다. 예를 들어 AI는 과일의 색상과 크기를 평가해 소비자가 선호하는 품질 기준에 부합하는 제품

만을 선별할 수 있다. 이러한 기술은 생산 라인에서 자동으로 작동해 일관성을 보장한다.

환경 조건의 최적화

AI는 온도, 습도, 기압 등 환경 데이터를 실시간으로 모니터링해 가공 공정의 조건을 최적화한다. 이는 신선도가 중요한 제품의 품질을 유지하고 폐기물을 줄이는 데 필수적이다. 예를 들어 냉동식품 생산 과정에서 AI는 적정 온도를 유지하며 에너지 소비를 최소화하는 데 기여한다.

사례 연구: AI 기반 품질 관리

AI는 식품 산업에서 품질 관리와 생산 효율을 혁신적으로 개선하는 데 기여하고 있다. 일본 롯코버터의 고베 공장은 이러한 기술 혁신의 대표적 사례로 손꼽힌다. 이 공장은 AI를 활용한 완제품 검사 시스템을 도입해 생산성 향상과 인력 절감을 동시에 달성했다.

이 시스템은 1분에 약 540개의 치즈 제품을 검사하며, 과거 스물네 명이 필요했던 충전 및 포장 공정의 작업 인원을 네 명으로 대폭 줄이는 데 성공했다. 이를 통해 노동 비용을 절감하고 생산 공정의 효율성과 일관성을 크게 높였다.

AI 기술은 농산물 품질 관리에도 새로운 기준을 제시하고 있다. 롯데마트와 롯데슈퍼는 AI를 활용한 과일 선별 시스템을 도입해 소비자에게 더욱 높은 품질의 과일을 제공한다. 이 시스템은 과일의 외형과 내부 상태를 동시에 평가해 품질을 정확히 분류한다. 이러한 기술들은 품질 관리의 정밀성과 효율성을 높이는 동시에 소비자 만족도와 지속 가능성을 향상하고 있다. 가공 과정의 효율성을 높이고 품질 관리를 혁신적으로 변화시키고 있다.

유통 및 공급망 관리

수요 예측과 재고 최적화

AI는 공급망의 효율성을 극대화한다. 소비자 행동 데이터를 기반으로 수요를 예측해 재고 관리와 물류를 최적화한다. 예를 들어 월마트(Walmart)는 AI 기반 시스템을 도입해 공급망 전반의 데이터를 분석하고, 상품의 재고와 배송 일정을 최적화하고 있다. 이를 통해 과잉 생산과 재고 부족 문제를 동시에 해결하며 운영 효율성을 크게 향상했다.

식품 안전성과 투명성

AI는 식품 안전성을 보장하는 데에도 중요한 역할을 한다. 블록체인 기술과 결합된 AI는 식품의 원산지, 유통 경로, 보관 상태를 추적하며 소비자에게 더 높은 수준의 투명성과 신뢰를 제공한다. 이를 통해 유통 과정에서 발생할 수 있는 안전 문제를 신속히 해결할 수 있다. 특정 제품에서 문제가 발생했을 때 블록체인은 즉각적으로 문제의 원인을 파악하고 적절한 조치를 취할 수 있게 한다.

물류 경로 최적화와 지속 가능성

AI는 물류 경로를 최적화해 연료 소비를 줄이고, 배송 시간을 단축하며, 전반적인 운영 효율성을 향상한다. 신선식품의 경우 AI는 적정 온도와 습도를 유지해 품질 저하를 방지하며, 소비자에게 최상의 제품을 제공할 수 있도록 한다. 또한 AI는 지속 가능성을 목표로 물류 시스템을 설계해 자원 사용을 줄이고 탄소 발자국을 최소화한다. 이로써 기업은 환경 보호와 비용 절감을 동시에 달성할 수 있다.

맞춤형 소비자 경험

개인화된 식단 추천

AI는 소비자의 건강 데이터를 분석해 개인 맞춤형 식단을 제안한다. 이를 통해 소비자들은 건강 목표에 맞는 식사를 쉽게 선택할 수 있다. 예를 들어 AI는 당뇨병 환자에게 혈당 지수가 낮은 식단을, 운동선수에게 단백질 강화 식품을 제안할 수 있다. 이러한 개인화는 소비자의 건강 증진과 삶의 질 향상에 기여한다.

전자상거래에서의 소비자 경험 향상

전자상거래 플랫폼에서는 AI 기반 추천 시스템이 소비자의 과거 구매 기록과 선호도를 분석해 맞춤형 제품을 제안한다. 예를 들어 한 소비자가 특정 브랜드의 저지방 요거트를 자주 구매한다면 AI는 해당 브랜드의 신제품이나 유사한 제품을 추천할 수 있다. 이는 소비자 만족도를 높이고 충성도를 강화한다.

트렌드 예측과 신제품 개발

AI는 소비자의 실시간 검색 데이터를 분석해 향후 트렌드를 예측하고, 이에 따라 기업이 맞춤형 제품을 신속하게 개발할 수 있도록 돕는다. 예를 들어 특정 시즌에 인기 있는 맛이나 성분을 분석해 한정판 제품을 개발하거나, 특정 건강 트렌드에 맞춘 제품을 출시할 수 있다. 이는 기업이 시장 변화에 민첩하게 대응하고 경쟁 우위를 확보할 수 있게 한다. 또한 AI는 건강 데이터를 분석해 개인 맞춤형 식단을 추천하거나 새로운 식품 개발을 지원한다. 헬스케어와 연계된 식품 산업에서는 AI를 활용해 특정 영양소가 강화된 제품을 개발하고 있다. 예를 들어 혈당 지수가 낮은 빵이나 비타민이 강화된 음료 같은 제품은 AI의 도움으로 탄생한 사례다.

지속 가능한 발전을 위한 AI

환경 보호에서 AI의 역할

AI는 지속 가능성을 강화하는 데 중요한 역할을 한다. 식품 폐기물을 줄이고, 재활용 가능한 포장재를 설계하며, 에너지 소비를 최적화해 탄소 배출을 줄인다. 농업에서는 물과 비료 사용을 최적화하고, 기후 변화의 영향을 최소화하는 데 도움을 준다.

기업 사례와 지속 가능성

글로벌 기업들은 AI를 통해 지속 가능한 목표를 달성하고 있다. 예를 들어 네슬레(Nestlé)는 AI 시스템을 도입해 원자재 사용을 최적화하고 생산 공정에서 발생하는 폐기물을 줄였다. 또한 AI는 농업 생산성을 향상하면서도 토양 건강을 유지할 수 있는 방법을 제안한다. 이러한 노력은 환경 보호와 비용 절감이라는 두 가지 목표를 동시에 달성하게 한다.

알라푸드(Arla Foods)의 지속 가능한 폐기물 관리(Sustainable Waste Management)는 유제품 생산 및 유통 과정에서 폐기물을 최소화하고 자원을 효율적으로 활용하기 위한 다각적 전략을 활용한다. 다논(Danone)의 순환 경제 접근법(Circular Economy Approach)은 폐기물 감소와 자원 순환을 통해 환경적 영향을 최소화하면서 비즈니스의 지속 가능성을 높이는 사례로 주목받고 있다.

소비자와 지속 가능성 교육

AI는 지속 가능성을 위한 소비자 교육에도 기여한다. 예를 들어 AI 기반 애플리케이션은 소비자에게 제품이 환경에 미치는 영향을 시각적으로 보여 주며, 지속 가능한 소비 습관을 장려한다. 소비자들은 이러한 정보를 바탕으로 친환경 제품을 선택한다. 이는 지속 가능한 소비문화를 형성하는 데 기여한다.

AI와 기후 변화 대응

AI는 기후 변화에 대처하는 강력한 도구로 자리 잡고 있다. 예를 들어 AI는 기후 데이터를 분석해 가뭄, 홍수와 같은 극단적인 기상 조건을 예측하고 그에 대한 대책을 제안한다. 이는 농업과 식품 생산 체계의 안정성을 높이는 데 기여하며, 장기적으로 지속 가능한 발전을 촉진한다.

미래의 식품 산업과 AI

AI는 식품 산업의 모든 단계에서 혁신을 불러일으키며 생산성 향상, 품질 강화, 지속 가능성 증대를 동시에 이끌어 내고 있다. 생산 공정에서는 AI 기반 자동화 시스템이 작업의 효율성을 높이고, 품질 관리 과정에서는 결함을 실시간으로 탐지해 제품의 일관성을 유지한다. 이러한 기술은 작업 속도를 높이는 데 그치지 않고 비용 절감과 소비자 신뢰 증대라는 이중의 효과를 달성한다.

미래에는 더욱 정교한 AI 기술이 등장해 글로벌 식품 시스템의 공정성과 효율성을 강화할 것으로 기대된다. 예를 들어 정밀 농업에서 AI는 토양 건강, 물 사용 최적화, 병충해 예측 등 다양한 분야에서 농업의 지속 가능성을 지원한다. 이는 기후 변화와 같은 글로벌 도전에 대처하는 데 중요한 도구가 될 것이다.

또한 AI는 맞춤형 식품 개발과 소비자 경험의 개인화를 이끄는 중심 기술로 자리 잡고 있다. 개인의 건강 데이터와 식단 선호도에 기반한 맞춤형 제품 설계는 건강을 증진하고 소비자 만족도를 높인다. 지속 가능한 포장 기술은 환경 보호와 비용 절감을 동시에 실현한다.

요컨대 AI는 식품 산업에서 기술적 도구를 넘어 산업 전체의 패러다임을 변화시키는 핵심 동력으로 작용하고 있다. AI는 기업과 소비자 모두에게 새로운 기회를 제공하며 글로벌 식품 산업의 미래를 형성할 것이다.

참고문헌

정서영(2024.4.30). 과일 품질, AI 선별 시스템으로 개선. 동아일보, https://www.donga.com/news/Economy/article/all/20240429/124706488/1

IRS글로벌(2020.1.4). 1분 동안 540개의 치즈를 AI로 검사하는 롯코버터 고베 공장. https://www.irsglobal.com/bbs/rwdboard/14417

Addanki, M. et al.(2022). Recent advances and applications of artificial intelligence and related technologies in the food industry. *Applied Food Research*, 2(2), pp.100–126.

Blessing, M.(2024). The Role of Reverse Logistics in Reducing Dairy Waste and Enhancing Resource Efficiency.

Ding, H. et al.(2023). The application of artificial intelligence and big data in the food industry. *Foods*, 12(24).

Esmaeily, R. et al.(2024). A step forward in food science, technology and industry using artificial intelligence. Trends in Food Science & Technology, 143.

Goyache, F. et al.(2001). The usefulness of artificial intelligence techniques to assess subjective quality of products in the food industry. *Trends in Food Science & Technology*, 12(10), pp.370–381.

Kakani, V. et al.(2020). A critical review on computer vision and artificial intelligence in food industry. *Journal of Agriculture and Food Research*, 2.

Kler, R. et al.(2022). [Retracted] Machine Learning and Artificial Intelligence in the Food Industry: A Sustainable Approach. *Journal of Food Quality*, 2022(1).

Kumar, I. et al.(2021). Opportunities of artificial intelligence and machine learning in the food industry. *Journal of Food Quality*, 2021(1).

Mavani, N. R. et al.(2022). Application of artificial intelligence in food industry—a guideline. *Food Engineering Reviews*, 14(1), pp.134–175.

Misra, N. N. et al.(2020). IoT, big data, and artificial intelligence in agriculture and food industry. *IEEE Internet of things Journal*, 9(9), pp.6305–6324.

Sharma, S. et al.(2021). Sustainable innovations in the food industry through artificial intelligence and big data analytics. *Logistics*, 5(4), 66.

Wright, C.(2024.1.9). Leveraging Blockchain and Artificial Intelligence in Procurement and Supply-Chain Management: A Strategic Approach for Walmart. Coingeek, https://coingeek.com/leveraging-blockchain-and-artificial-intelligence-in-procurement-and-supply-chain-management-a-strategic-approach-for-walmart/

02
생산 최적화를 위한 AI 솔루션

식품 산업은 생산 효율성과 품질의 극대화를 추구하며 지속적으로 발전하고 있다. AI는 생산 최적화를 위한 혁신적 도구로 자리 잡았다. AI 기반 솔루션이 식품 생산 과정에서 어떤 방식으로 최적화를 이루고 있는지 살펴보자.

AI와 MBTI?

AI와 생산 공정의 자동화

AI는 식품 생산의 전반적 공정을 자동화해 인적 자원에 대한 의존도를 낮추고 생산성을 크게 향상한다. 또한 머신러닝과 데이터 분석 기술은 생산 과정의 오류를 사전에 감지하고 불필요한 자원 낭비를 줄인다. 예를 들어 머신 비전 시스템은 식품 품질을 검사하며 결함 제품을 자동으로 제거해 제품의 일관성과 소비자 신뢰를 높인다.

AI는 특히 반복적인 작업의 효율성을 극대화한다. 기존의 노동 집약적 작업은 자동화된 시스템으로 대체되었다. 이러한 변화는 생산 속도를 향상하고 오류를 줄였다. AI 기술은 대규모 공장뿐 아니라 중소 기업에서도 널리 채택되고 있다. AI는 데이터 분석을 통해 작업 과정을 지속적으로 개선하고 생산 라인의 병목 현상을 해결할 방법을 제시한다.

AI 기반 자동화는 작업 속도를 높일 뿐 아니라 식품의 품질과 일관성을 유지하는 데 큰 역할을 한다. 소비자 신뢰를 강화하고 시장에서의 경쟁력을 높인다. 예측 분석을 통해 생산 일정 조정과 자원 최적화를 지원하며 공장의 운영 효율성을 극대화한다.

스마트 팩토리의 구현

스마트 팩토리는 사물인터넷 센서와 AI를 결합해 모든 생산 공정을 디지털화한다. 다양한 사물인터넷 센서, 예를 들어 온도, 습도, 압력, 진동 센서는 각 공정에서 발생하는 데이터를 실시간으로 수집한다. 이러한 데이터는 AI 시스템에 통합되어 생산 라인 최적화와 이상 상황의 조기 탐지를 가능하게 한다. AI 기반 스마트 팩토리는 생산 속도를 자동으로 조정하고 장비의 유지 보수가 필요한 시점을 예측해 다운타임을 줄인다.

또한 스마트 팩토리는 에너지 소비 패턴을 분석해 자원 낭비를 줄이는 데 기여한다. 생산 단계에서 발생하는 데이터를 통해 에너지 절약 전략을 수립하고, 이를 통해 비용 절감과 환경 보호를 동시에 달성한다. 예를 들어 스마트 팩토리의 냉각 시스템은 실시간 온도 데이터에 기반해 가동을 조절함으로써 에너지를 효율적으로 사용한다. 이러한 시스템은 작업자와 관리자 간의 실시간 커뮤니케이션을 가능하게 해 의사 결정을 더욱 신속하고 정확하게 만든다.

스마트 팩토리의 구현은 다양한 생산 단계에서 효율성을 높이는 데 필수적이다. 이를 통해 식품 제조업체는 생산 공정 중에 발생할 수 있는 모든 문제를 실시간으로 해결하고 제품의 품질과 안전성을 보장할 수 있다. 이와 더불어 AI는 공급망 관리에 통합되어 물류 흐름과 재고 관리를 최적화하는 데에도 기여한다. 이로써 식품 제조 업체는 소비자 요구에 더욱 빠르게 대응할 수 있는 생산 체계를 구축할 수 있다.

적응형 빵 제조기의 사례

적응형 빵 제조기 연구는 머신러닝을 활용해 빵 제조 과정을 자동으로 조정하는 모델을 개발했다. 이 시스템은 센서로 수집된 데이터를 분석해 온도와 습도 같은 환경 변수를 실시간으로 조정하며, 최적의 품질을 유지한다. 이러한 기술은 다른 제과 및 제빵 공정에서도 널리 응용될 가능성이 있다. 또한 빵의 크기, 색상, 텍스처를 평가해 소비자 선호에 맞게 조정할 수 있는 기능을 갖추고 있다.

이 기술은 빵 제조에 국한되지 않고 유제품 생산이나 음료 제조 공정에도 활용될 수 있다. 예를 들어 유제품 생산에서는 우유의 품질 데이터를 분석해 치즈나 요거트의 텍스처와 맛을 조정할 수 있다. 음료 제조에서는 재료 비율과 온도를 조정해 일관된 맛을 제공할 수 있다. 이러한 시스템은 소비자 요구를 충족하는 동시에 생산 효율성을 높인다.

적응형 시스템은 소비자 피드백 데이터를 학습해 더 나은 결과를 제공할 수 있다. 이는 맞춤형 제품 생산에 특히 유용하며, 소비자의 요구를 더욱 효과적으로 충족할 수 있는 방법을 제시한다. 이와 같은 시스템은 소규모 맞춤형 제빵업체에도 도입될 수 있다.

에너지 소비 최적화

에너지 소비는 식품 생산에서 중요한 요소 중 하나다. AI는 생산 과정에서 에너지 효율을 높인다. 머신러닝 모델은 에너지 사용 패턴을 분석해 불필요한 소비를 줄이고 탄소 배출량을 최소화한다. 예를 들어 AI는 냉동 공정에서 온도를 효율적으로 관리해 에너지 소비를 최적화할 수 있다.

AI 기반 에너지 관리 시스템은 생산 공정에서 에너지 낭비를 감지하고 즉각적인 개선 조치를 제안한다. 이는 공장의 운영 비용을 절감하고 지속 가능성을 높인다. 대규모 공장뿐 아니라 소규모 생산 시설도 에너지 절감 기술을 채택할 수 있으며, 이를 통해 다양한 규모의 사업장에서 지속 가능한 운영이 가능해졌다.

에너지 소비 최적화는 환경을 보호할 뿐 아니라 경제

적 이점도 제공한다. 공정 효율성을 높이고 비용을 절감하는 동시에 기업의 지속 가능성 목표 달성을 지원한다.

탄소 발자국 감소

AI는 탄소 발자국을 줄인다. 생애주기 평가(Life Cycle Assessment, LCA) 모델과 머신러닝을 결합한 접근 방식은 생산 공정의 환경 영향을 평가하고 최적의 대안을 제시한다. 이를 통해 기업은 환경 지속 가능성을 달성할 수 있다.

AI는 에너지 효율을 개선할 뿐 아니라 물 사용을 최적화하고 폐기물을 감소시키는 등 다양한 지속 가능성 목표를 달성하는 데 도움을 준다. 특히 대규모 농산물 가공 공정에서 효율적 자원 관리 시스템의 핵심 역할을 한다. 이러한 기술은 농산물의 폐기율을 줄이고 최적의 자원 활용을 통해 환경 영향을 최소화한다.

AI는 식품 포장 과정에서도 탄소 배출을 줄인다. 기업은 친환경 포장재 설계와 효율적 생산 방법을 통해 소비자들에게 지속 가능성이라는 선택지를 제공할 수 있다.

품질 관리와 신뢰성 강화

AI는 품질 관리의 신뢰성을 강화한다. 머신러닝과 디프 러닝 알고리즘은 제품의 결함을 자동으로 감지하고 품질 표준에 부합하지 않는 제품을 선별한다. 이러한 기술은 특히 고속 생산 환경에 필수적이다.

머신 비전 시스템의 적용

머신 비전 시스템은 식품의 색상, 크기, 모양을 분석해 품질 검사를 수행한다. 이 기술은 반복 작업에서 발생할 수 있는 인간의 실수를 줄이고 검사 속도를 높인다. 제품의 일관성을 유지하고 소비자 만족도를 높인다. 또한 스마트 센서를 통해 온도, 습도, 기압 등의 환경 데이터를 수집함으로써 품질에 영향을 미치는 요소를 실시간으로 조정할 수 있다.

품질 관리 기술은 데이터 기반 분석을 통해 소비자 불만의 원인을 파악하고 개선하는 데에도 사용된다. 이를 통해 브랜드 신뢰를 강화하고 장기적인 고객 충성도를 확보할 수 있다.

예측 유지 보수

AI는 장비의 상태를 실시간으로 모니터링해 유지 보수가 필요한 시점을 예측한다. 이를 통해 장비 고장을 사전에 방지하고 생산 중단 시간을 최소화할 수 있다. 이는 특히 대규모 공장에서 생산 효율성을 유지하는 데 중요하다. 예측 유지 보수 시스템은 데이터 분석을 통해 장비의 수명을 연장하고 장기적으로 비용 절감 효과를 가져온다.

AI 기반 예측 유지 보수 시스템은 데이터 정확성과 실시간 업데이트를 통해 장비의 가동률을 극대화한다. 이는 생산성 향상뿐 아니라 운영 비용 절감에도 크게 기여한다.

공급망 최적화

AI는 공급망 관리에서도 중요한 역할을 한다. 데이터 분석과 예측 모델은 수요를 정확히 예측하고 재고 관리와 물류를 최적화한다.

블록체인과 AI의 결합

블록체인 기술과 AI의 결합은 공급망의 투명성을 높이고 식품 안전성을 강화한다. 이러한 시스템은 제품의 원산지와 유통 경로를 추적하며 소비자에게 신뢰를 준다. 이는 특히 글로벌 시장에서 공급망의 복잡성을 해결하는 데 필수적이다. 또한 AI는 물류 경로 최적화를 통해 연료 소비를 줄이고, 배송 시간을 단축하며, 전반적인 운영 효율성을 높인다.

공급망 최적화는 비용을 줄이는 데 그치지 않고 더 나은 소비자 경험을 제공한다. 예를 들어 AI는 주문 이행 시간을 단축하고, 정확한 배송을 보장해 고객 만족도를 높인다.

수요 예측과 재고 관리

AI는 데이터 분석과 머신러닝 알고리즘을 활용해 소비자 행동을 예측하고 이에 기반해 재고를 효율적으로 관리한다. 수요 예측은 생산과 공급의 균형을 유지하는 데 필수적이며, 과잉 생산이나 재고 부족으로 인한 손실을 줄인다.

AI 기반 시스템은 판매 데이터를 분석하고 계절적 요인, 지역별 소비 패턴, 프로모션 효과 등을 고려해 정확한 수요 예측을 수행한다. 예를 들어 소매업체는 AI 알고리즘을 사용해 특정 상품이 특정 시기에 얼마나 판매될지 예측할 수 있다. 이러한 정보를 바탕으로 생산 계획을 조정하거나 재고 수준을 최적화해 비용을 절감할 수 있다.

또한 AI는 실시간 데이터를 분석해 변화하는 소비자 트렌드에 신속히 대응할 수 있다. 예를 들어 특정 지역에서 갑작스럽게 수요가 증가하면 AI 시스템은 이를 감지하고 적절한 재고를 해당 지역으로 재배치한다. 이는 물류 효율성을 높이고 고객 만족도를 증대한다.

AI는 재고 관리에서도 중요한 역할을 한다. AI 기반 재고 관리 시스템은 창고의 재고 상태를 실시간으로 모니터링하고 불필요한 재고를 줄이며 품절을 방지한다. 예측 모델은 제품의 유통기한과 회전율을 고려해 최적의 재고 수준을 유지하도록 돕는다. 예를 들어 신선식품 산업에서는 AI가 제품의 신선도를 유지하고 재고 손실을 최소화하는 데 기여할 수 있다.

이처럼 AI를 활용한 수요 예측과 재고 관리는 기업이 시장 변화에 민첩하게 대응하고, 운영 비용을 절감하며, 고객의 요구를 더욱 효과적으로 충족할 수 있도록 지원한다. 행동 데이터를 활용한 수요 예측은 시장 상황을 관찰하는 데 그치지 않고 구체적인 소비자 행동 패턴을 분석함으로써 향후 소비 트렌드를 예측한다. 예를 들어 AI는 전자상거래 플랫폼에서 실시간 검색 데이터를 분석해 특정 상품의 인기 상승을 예측할 수 있다. 이는 재고 부족 사태를 방지하고 적절한 시점에 상품을 재배치하거나 추가 생산 결정을 내리는 데 유용하다.

또한 AI는 재고 관리를 단순화하고 자동화한다. 창고 관리 시스템(Warehouse Management System, WMS)

과 통합된 AI는 물품 위치를 최적화하고 물류 흐름을 개선해 작업 효율성을 높인다. 특히 대형 유통업체에서 이러한 AI 시스템은 수백만 개의 품목을 동시에 관리할 수 있는 역량을 제공한다. 신선식품의 경우 AI는 유통기한 데이터를 기반으로 배송 우선순위를 자동으로 설정해 폐기율을 낮추고 품질을 유지한다. 이와 같은 기술은 기업의 지속 가능성을 강화하고 소비자 신뢰를 높인다.

맞춤형 식품 생산

AI는 식품 산업에서 개인화된 소비자 경험을 제공하고 맞춤형 제품을 생산하는 데 중추적인 역할을 한다. 맞춤형 식품 생산은 소비자 건강 데이터, 영양소 필요량 그리고 개별적 취향을 분석해 고도로 개인화된 식품을 제공하는 과정이다. 이는 소비자의 만족도를 높이고 건강과 관련된 특별한 요구를 충족한다.

AI는 소비자 건강 데이터를 분석해 맞춤형 식단을 설계하는 데 중요한 역할을 한다. 예를 들어 당뇨병 환자에게 저탄수화물 식단을 제공하거나 알레르기가 있는 소비자에게 특정 성분이 제거된 식단을 제공할 수 있다. 이러한 데이터 기반 접근법은 소비자 건강을 지원하며, 기업이 다양한 요구를 가진 고객을 더 효과적으로 타기팅

할 수 있도록 돕는다.

AI 기반 추천 시스템은 소비자의 선호도와 건강 목표를 분석해 적합한 제품을 제안한다. 예를 들어 AI는 과거 구매 기록과 행동 데이터를 바탕으로 개인화된 식품을 추천할 수 있다. 이는 소비자가 더 나은 선택을 할 수 있도록 지원하며, 기업의 판매 증대에도 기여한다.

3D 프린팅 기술의 적용

AI는 3D 프린팅 기술과 결합해 맞춤형 식품 생산의 새로운 가능성을 열어 가고 있다. 3D 프린팅 기술은 식품의 모양, 크기, 질감 그리고 영양 성분을 정밀하게 조정할 수 있는 능력을 제공한다. 예를 들어 특정 영양소를 강화한 스낵이나 기능성 식품은 3D 프린팅을 통해 소비자의 요구에 맞게 설계될 수 있다.

AI는 이러한 3D 프린팅 과정에서 재료의 조성과 양을 실시간으로 조정해 품질과 일관성을 보장한다. 특히 어린이와 노인을 대상으로 한 맞춤형 식품은 이러한 기술을 통해 더 효과적으로 생산될 수 있다.

AI는 소비자가 직접 맞춤형 제품을 설계할 수 있는 플랫폼을 제공한다. 예를 들어 소비자가 온라인 플랫폼에서 자신의 식품별 선호도와 건강 정보를 입력하면, AI는 이를 생산 과정에 반영해 개인화된 식품을 설계한다. 이러한 상호작용은 소비자 참여를 높이고 개인화된 경험을 제공함으로써 브랜드 충성도를 강화한다.

맞춤형 생산은 소비자의 요구를 충족하는 데 그치지 않고 지속 가능성에도 기여한다. AI는 소비자 데이터에 기반한 정확한 수요 예측을 통해 과잉 생산을 방지하고 자원을 효율적으로 사용할 수 있도록 돕는다. 이는 폐기물 감소와 에너지 절약으로 이어져 환경에 긍정적 영향을 미친다.

영국의 벤처 기업 누리시드(Nourished)는 AI와 3D 프린팅 기술을 활용해 소비자 요구에 맞춘 개인화된 영양 젤리를 개발했다. 소비자가 자신의 영양 목표를 입력하면 AI는 이를 분석해 최적의 재료 조합을 생성하고, 3D 프린팅 기술을 사용해 제품을 생산한다. 이 접근 방식은 소비자 만족도를 높이는 동시에 폐기물을 줄이고 생산 효율성을 극대화했다.

맞춤형 식품 생산은 소비자와 기업 모두에게 이점을 제공하며, 지속 가능한 발전을 지원하는 혁신적 방법이다. AI는 이러한 생산 방식을 더욱 정교하게 만들어 가며 식품 산업의 미래를 형성하고 있다.

미래를 향한 전망

AI는 식품 생산 과정의 모든 단계에서 혁신을 이끌고 있다. 생산 공정 자동화, 에너지 소비 최적화, 품질 관리 강화, 공급망 투명성 제고 등 다양한 분야에서 식품 산업의 미래를 밝히고 있다. 이러한 기술의 지속적 발전은 더욱 지속 가능하고 효율적인 식품 생산 체계를 구축하는 데 기여할 것이다.

참고문헌

Bedoya, M. G. et al.(2022). Promising perspectives on novel protein food sources combining artificial intelligence and 3D food printing for food industry. *Trends in Food Science & Technology*, 128, pp.38–52.

Byun, J. & Kim, S. O.(2024). Food 3D printer technology for food manufacturing: a review. *Korean Journal of Food Science and Technology*, 56(2), pp.130–141.

Chen, H. et al.(2021). Effective management for blockchain–based agri–food supply chains using deep reinforcement learning. *IEEE Access*, 9, pp.36008–36018.

Cock, J. et al.(2023). Operations research and machine learning to manage risk and optimize production practices in agriculture: good and bad experience. *Current Opinion in Environmental Sustainability*, 62.

Jeong, J. & Kim, S.(2024). Application of machine learning for quantitative analysis of industrial fermentation using image processing. *Food Science and Biotechnology*, 34, pp.373–381.

Kumar, I. et al.(2021). Opportunities of artificial intelligence and machine learning in the food industry. *Journal of Food Quality*, 2021(1).

Lee, J. et al.(2023). The Study of an Adaptive Bread Maker Using Machine Learning. *Foods*, 12(22).

Milczarski, P. et al.(2021). Machine learning methods in energy consumption optimization assessment in food processing industry. *2021 11th IEEE international conference on intelligent data acquisition and advanced computing systems: technology and applications(IDAACS)*, 2, pp.835–840.

Ramirez–Asis, E. et al.(2022). A review on role of artificial intelligence in food processing and manufacturing industry. *Materials Today: Proceedings*, 51, pp.2462–2465.

Shi, H. et al.(2024). Potential of 3D printing in development of foods for special medical purpose: A review. *Comprehensive Reviews in Food Science and Food Safety*, 23(5).

Zhu, L. et al.(2021). Deep learning and machine vision for food processing: A survey. *Current Research in Food Science*, 4, pp.233–249.

03
품질 관리와 안전성 강화

식품 산업은 소비자에게 안전하고 고품질의 제품을 제공하기 위해 엄격한 품질 관리와 안전성 보장 체계를 유지해야 한다. 그러나 전통적인 품질 관리 방법은 효율성과 정확성에서 한계를 드러내고 있다. 이러한 문제를 해결하는 데 AI와 머신러닝이 주목받고 있다. 이러한 기술은 데이터 분석 능력을 통해 품질 관리와 안전성 강화를 위한 혁신적 솔루션을 제공하며, 생산 효율성을 높이고 식품 안전 문제를 사전에 예방한다.

AI와 난임 극복?

AI와 머신러닝을 활용한 품질 관리

생산 라인의 품질 검사 자동화

AI와 머신러닝은 식품 생산 과정에서 품질 검사를 자동화한다. 머신러닝 기반의 컴퓨터 비전 기술은 고속 카메라와 결합해 식품의 외관, 크기, 색상 등을 실시간으로 분석하고 불량품을 탐지한다. 이는 인간 검사자의 주관성을 제거하고 일관된 품질 기준을 유지할 수 있게 한다. 예를 들어 AI는 유제품 생산에서 후살균 오염(Post-Pasteurization Contamination, PPC)을 줄이는 데 활용된다. 머신러닝 알고리즘을 사용해 우유 생산 공정에서 오염 요인을 정확히 식별하고, 이를 기반으로 생산 공정을 최적화한 사례가 보고되었다.

예측적 유지 보수와 결함 탐지

AI는 기계 학습을 통해 생산 장비의 상태를 모니터링하며, 고장 가능성을 사전에 예측해 유지 보수 비용을 절감하고 생산 중단을 최소화한다. 특히 머신러닝 알고리즘은 기계의 진동 데이터를 세부적으로 분석해 고장의 징후를 조기에 파악하고 적절한 유지 보수 시점을 제안한다. 이 기술은 고장 발생 가능성이 높은 부품이나 시스템을 미리 식별해 장비의 가동률을 극대화한다.

또한 머신러닝 알고리즘은 생산 과정 중 발생할 수 있는 다양한 결함을 실시간으로 탐지한다. 예를 들어 기계 내부의 과열, 비정상적 진동 패턴, 소음 변화 등을 감지해 문제를 조기에 해결할 수 있도록 한다. 이러한 접근법은 생산 라인의 연속성을 유지하고 예기치 않은 사고를 방지하는 데 중요한 역할을 한다. AI와 머신러닝에 기반한 예측 유지 보수 시스템은 대규모 공장뿐 아니라 소규모 생산 시설에도 적용 가능성이 높아 산업 전반에 걸쳐 효율성을 크게 향상하고 있다. LG전자의 '프로액티브 서비스'는 AI를 활용해 소비자와 제품 간 상호작용을 강화하고, 사전 진단 및 유지 관리의 새로운 가능성을 제시하는 대표적 사례로 평가된다. 이러한 혁신은 제품 고장 방지를 넘어 사용자가 가전제품을 더욱 효율적이고 안전하게 사용할 수 있도록 돕는다.

식품 안전성 감시 시스템

실시간 오염물 탐지

AI와 머신러닝은 실시간으로 오염 물질을 탐지하는 데 중요한 역할을 한다. 특히 바이오센서와 컴퓨터 비전 기술은 식품 내 병원성 미생물, 알레르기 유발 물질, 화학적 오염 물질 등을 정밀하게 탐지해 신속한 대처를 가능하게 한다. 이러한 기술은 기존 분석 방법보다 높은 민감도와 빠른 속도를 자랑하며, 식품 안전성을 새로운 수준으로 끌어올리고 있다.

바이오센서는 식품의 유통 단계에서 발생할 수 있는 미세한 오염까지도 감지한다. 예를 들어 병원성 박테리아를 탐지하는 특정 바이오센서는 단 몇 분 내에 결과를 도출하며, 이로써 오염 확산을 초기에 차단한다. 이러한 기술은 글로벌 공급망에도 광범위하게 적용될 수 있으며, 식품 안전을 관리하는 데 중요한 도구로 자리 잡고 있다.

컴퓨터 비전 기반 오염 탐지 기술은 식품의 외관과 물리적 상태를 분석해 육안으로는 감지하기 어려운 이물질이나 결함을 찾아낸다. 이 기술은 특히 대규모 생산 라인에서 효율성을 극대화하며 식품의 품질과 신뢰도를 강화한다. AI는 실시간 데이터 처리를 통해 이러한 기술을 최적화한다.

데이터 기반 예측 모델

머신러닝 기반 예측 모델은 과거의 데이터를 분석해 미래의 안전성 문제를 사전에 예측한다. 이는 식품 유통망에서 발생할 수 있는 위험을 조기에 탐지하고 신속히 대응할 수 있게 한다. 이러한 모델은 기후 변화, 공급망 교란, 새로운 병원체 발생 등 다양한 요인에 대한 데이터를 통합해 더욱 포괄적인 예측을 가능하게 한다.

식품 안전 인증 데이터를 사용해 식중독 발생 가능성을 예측하는 모델이 개발되었다. 이러한 기술은 대규모 유통망에도 적용 가능하다. 특히 고위험 식품군에서의 활용은 소비자의 안전을 보장하고 기업에 대한 신뢰를 구축한다. AI와 결합된 예측 모델은 데이터를 실시간으로 업데이트하고 변화하는 환경 조건에 따라 예측 결과를 지속적으로 개선할 수 있다.

빅데이터와 사물인터넷을 통한 모니터링

스마트 센서와 사물인터넷의 융합

사물인터넷 기술과 스마트 센서는 식품의 저장·유통 과정에서 온도, 습도, 가스 성분 등을 실시간으로 모니터링한다. 이러한 데이터는 클라우드에 저장되어 머신러닝 알고리즘을 통해 분석된다. 이로써 이상 징후가 발견될 때 즉각적인 조치가 가능해진다.

신선식품 유통 중 온도 변화가 감지되면, AI는 이를 분석해 최적의 냉장 조건을 유지하도록 냉각 시스템을 조정한다. 이는 특히 고부가가치 식품이나 민감한 제품의 품질 유지에 필수적이다. 이러한 시스템은 대규모 창고 관리에서도 활용될 수 있으며, 실시간 데이터를 기반으로 재고 회전을 최적화해 폐기물을 줄이는 데 기여한다. 사물인터넷 기술은 소비자와의 연결성을 강화하는 데에도 사용되며, 제품의 상태를 소비자가 직접 확인할 수 있는 플랫폼을 제공해 신뢰도를 높인다.

블록체인을 통한 투명성 확보

블록체인 기술은 식품의 원산지와 유통 과정을 추적해 투명성을 제공한다. AI와 결합된 블록체인 시스템은 식품의 유통 경로를 시각화하고, 소비자에게 안전한 제품 정보를 제공해 신뢰를 구축한다. 이는 특히 글로벌화된 식품 유통망에서 발생할 수 있는 문제를 예방하는 데 효과적이다.

블록체인을 활용한 유통 기록 시스템은 생산부터 소비까지 모든 단계를 기록해 투명성을 보장한다. 이는 특정 문제 발생 시 신속한 대응과 원인 분석을 가능하게 하며, 식품 리콜 과정을 단축한다. 소비자에게는 제품의 상세한 정보를 제공해 신뢰를 강화할 수 있다.

품질 관리와 안전성 강화를 향한 미래 전망

AI와 머신러닝 기술은 품질 관리와 안전성 강화의 새로운 가능성을 열고 있다. 향후에는 더욱 정교한 알고리즘과 센서 기술이 개발되어 실시간으로 데이터를 분석하고 대응하는 시스템이 보편화할 것이다. 이러한 기술은 생산 과정의 자동화를 가속하고, 소비자에게 더욱 안전하고 신뢰할 수 있는 식품을 제공할 것으로 기대된다.

AI 기반 맞춤형 솔루션은 개별 소비자의 요구를 충족할 수 있는 개인화된 식품 개발과 품질 관리에도 기여할 것이다. 이는 식품 산업 전반의 효율성을 높이고 지속 가능한 발전의 핵심 동력이 될 것이다.

참고문헌

고재연(2019.12.18). LG전자, 가전제품 고장 미리 알려준다. 한국경제신문, https://www.hankyung.com/article/201912185656i

구옥경·김상오(2024). 디지털 기술을 활용한 식품안전 적용 방안. ≪식품과학과 산업≫, 57(3), 260-269쪽.

Chhetri, K. B.(2024). Applications of Artificial Intelligence and Machine Learning in Food Quality Control and Safety Assessment. *Food Engineering Reviews*, 16(1), pp.1-21.

Deng, X. et al.(2021). Emerging applications of machine learning in food safety. *Annual Review of Food Science and Technology*, 12(1), pp.513-538.

Feng, Y. et al.(2024). A mechanistic review on machine learning–supported detection and analysis of volatile organic compounds for food quality and safety. *Trends in Food Science & Technology*, 143.

Kim, S. S. & Kim, S.(2022). Impact and prospect of the fourth industrial revolution in food safety: Mini–review. *Food Science and Biotechnology*, 31(4), pp.399–406.

Murphy, S. I. et al.(2021). Machine learning and advanced statistical modeling can identify key quality management practices that affect postpasteurization contamination of fluid milk. *Journal of Food Protection*, 84(9), pp.1496–1511.

Puttero, S. et al.(2024). Improved quality control and sustainability in food production by machine learning. *Procedia CIRP*, 122, pp.533–538.

Wang, X. et al.(2022). Application of machine learning to the monitoring and prediction of food safety: A review. *Comprehensive Reviews in Food Science and Food Safety*, 21(1), pp.416–434.

Zheng, Y. et al.(2023). Predicting Foodborne Disease Outbreaks with Food Safety Certifications: Econometric and Machine Learning Analyses. *Journal of Food Protection*, 86(9).

Zhou, Z. et al.(2024). Machine learning assisted biosensing technology: An emerging powerful tool for improving the intelligence of food safety detection. *Current Research in Food Science*, 8.

04
수요 예측과 공급망 관리

오늘날 식품 산업은 수요와 공급의 균형을 유지하기 위한 수요 예측의 중요성을 강조한다. 수요 예측은 과잉 생산으로 인한 자원 낭비를 줄이고, 부족 현상을 방지하며, 효율적 공급망 관리를 가능케 하기 때문이다. AI와 머신러닝 기술은 수요 예측 과정을 개선해 그 정확도와 신뢰성을 높이고 있다.

AI와 사주?

머신러닝을 활용한 수요 예측 기법

데이터 분석과 예측 모델링

머신러닝은 방대한 데이터 세트를 분석해 수요 패턴을 예측하는 강력한 도구다. 랜덤 포레스트(Random Forest), 그래디언트 부스팅(Gradient Boosting), 장단기 메모리(Long Short-Term Memory, LSTM)와 같은 다양한 알고리즘은 기존 통계 기반 모델보다 더욱 정교한 분석을 가능케 하며, 수요 예측의 정확도를 크게 향상한다.

특히 시간 의존적 데이터 처리에서 머신러닝은 강력한 성능을 발휘한다. 계절적 변동, 소비자 행동 패턴, 외부 경제 요인 등 복잡한 요소들을 통합적으로 분석해 미래의 수요 변화를 예측할 수 있다. 이러한 기술은 비선형적 관계를 다룰 수 있는 능력 덕분에 다양한 요인이 수요에 미치는 복잡한 영향을 포괄적으로 반영한다.

머신러닝은 과거 데이터와 실시간 데이터를 결합해 예측 정확성을 더욱 높인다. 예컨대 특정 지역에서의 날씨 변화가 해당 지역의 농산물 소비에 미치는 영향을 실시간으로 분석할 수 있다. 이를 통해 기업은 시장 변화에 즉각적으로 대응하고, 소비자 요구를 충족하며, 공급망 효율성을 강화할 수 있다. 머신러닝 기술은 앞으로도 데이터 처리 능력의 발전과 함께 지속적으로 확장되어 더욱 복잡한 문제 해결에 기여할 것으로 전망된다.

실시간 데이터 활용

실시간 데이터는 시장의 급격한 변화에 빠르게 대응할 수 있게 한다. 오늘날 기업은 다양한 데이터 소스를 활용해 수요 변화를 예측하고 이에 맞는 전략을 수립하고 있다. 소셜 미디어 데이터와 검색 트렌드 분석은 소비자의 즉각적인 관심사를 파악하는 데 핵심적인 역할을 한다. 이러한 데이터는 제품에 대한 소비자 선호도, 구매 의향 그리고 특정 시기에 인기 있는 트렌드를 반영한다. 이를 통해 기업은 변화하는 소비자 요구를 사전에 예측하고 적시에 대응할 수 있다.

그뿐 아니라 실시간 데이터는 날씨 변화, 지역별 경제 상황, 계절적 요인 등 외부 요인과 결합해 더 정교한 수요 예측 모델을 구축할 수 있다. 예를 들어 특정 지역에서의 갑작스러운 기온 상승은 냉음료의 수요 증가로 이어질 가능성이 크며, AI 기반 모델은 이러한 정보를 빠르게 통합해 적절한 재고 조정과 배송 전략을 제안할 수 있다. 이러한 접근법은 기업이 시장 기회를 선점하고, 소비자의 기대를 충족하며, 공급망 운영을 최적화하는 데 크게 기여한다.

공급망 관리를 위한 통합적 접근

협업 계획과 공유 데이터

공급망의 각 단계에서 데이터와 계획을 공유하는 것은 효율성을 높이고 낭비를 줄이는 데 핵심적이다. 협업 계획, 예측 그리고 보충(Collaborative Planning, Forecasting, and Replenishment, CPFR) 모델은 여러 이해관계자가 수요와 공급 정보를 공유해 공급망의 불일치를 최소화할 수 있도록 돕는다. 이 모델은 예측 데이터를 기반으로 공급 계획을 수립하며, 모든 참여자가 실시간 데이터를 활용해 수요 변화에 즉각적으로 대응할 수 있는 환경을 조성한다.

CPFR 모델의 성공적인 적용 사례로는 소매업체와 공급업체 간 대규모 협업을 들 수 있다. 이 과정에서 공급업체는 생산 능력을 최적화하고, 소매업체는 재고를 효과적으로 관리해 낭비를 줄였다. 또한 이 모델은 소비자의 구매 패턴을 정확히 파악해 과잉 생산과 부족 현상을 방지할 수 있었다. 이를 통해 전반적인 공급망 효율성이 향상되고 참여자 간 신뢰가 강화되었다.

블록체인과 투명성

블록체인 기술은 공급망 내 정보의 투명성을 강화해 제

품 추적과 품질 관리를 용이하게 한다. 이 기술은 각 단계에서 데이터를 암호화해 기록함으로써 위조 및 데이터 조작을 방지하며 모든 참여자에게 신뢰할 수 있는 정보를 제공한다. 블록체인을 활용한 추적 시스템은 제품이 원산지로부터 소비자에게 도달하기까지 모든 과정을 투명하게 기록해 문제 발생 시 신속히 원인을 파악하고 대응할 수 있도록 한다.

예를 들어 월마트는 블록체인 기반 시스템을 통해 냉동 망고의 유통 경로를 추적하는 데 소요되는 시간을 일주일 이상에서 단 2.2초로 단축했다. 또한 네슬레와 까르푸(Carrefour)는 IBM의 '푸드 트러스트' 플랫폼을 활용해 소비자들이 제품의 원산지, 제조 과정, 유통 경로 등을 투명하게 확인할 수 있도록 하고 있다. 소비자들은 스마트폰으로 제품에 부착된 QR 코드를 스캔해 상세한 정보를 얻을 수 있다.

이러한 사례들은 블록체인 기술이 식품 산업에서 신뢰성 있는 정보 제공과 신속한 문제 해결을 가능하게 해 소비자 신뢰를 높이고 식품 안전성을 강화하는 데 기여하고 있음을 보여 준다.

수요 예측의 성공 사례

식품 서비스와 예측 모델

대학 식당에서 실시된 한 연구는 머신러닝 기반 예측 모델을 활용해 식단 수요를 효과적으로 예측하고 과잉 생산과 식품 낭비를 크게 줄였다. 이 연구는 과거의 식단 데이터, 학생들의 선호도 설문조사, 계절적 요인 등을 통합해 머신러닝 알고리즘을 훈련시켰다. 이를 통해 매주 특정 메뉴의 예상 수요를 정확히 계산할 수 있었으며, 식재료 준비 과정에서의 효율성을 극대화했다.

이 연구에서 머신러닝 알고리즘은 실시간으로 데이터를 업데이트해 갑작스러운 수요 변화에도 신속히 대응할 수 있도록 했다. 이를 통해 서비스의 질을 향상하고 비용을 절감할 수 있었다. 예를 들어 특정 기간 동안 학생들의 과일 소비가 급격히 증가하는 상황에서, 예측 모델은 이를 즉각 반영해 과일 재고를 조정하고 낭비를 최소화할 수 있다. 이러한 접근법은 비용 절감에 그치지 않고 지속 가능한 식당 운영 모델을 제시하며, 학생들의 만족도를 크게 높인다.

AI는 식당 운영에서 메뉴 최적화와 고객 경험 향상을 지원한다. 학생들의 피드백 데이터를 분석해 만족도가 낮은 메뉴를 개선하거나 대체 메뉴를 제안하는 데 활용된다. 예를 들어 인기 없는 메뉴를 인기 있는 메뉴로 대체하거나, 학생들의 음식 선호도를 반영해 새로운 메뉴를 개발할 수 있다. 이와 같은 접근법은 고객 충성도를 높이고 운영 효율성을 강화한다.

유통망에서의 활용

대형 유통업체들은 AI를 활용해 재고를 최적화하고 특정 상품의 수요 변동에 빠르게 대응하고 있다. AI 기반 시스템은 실시간 데이터를 분석해 재고 상태를 모니터링하고 예상치 못한 수요 증가에 대비해 적절한 조치를 제안한다. 특히 신선식품과 같이 유통 속도가 중요한 제품에서는 이러한 기술이 효율성과 품질을 유지하는 데 중요한 역할을 한다.

AI 기술은 판매 트렌드, 계절적 요인, 지역별 소비 패턴 등을 종합적으로 분석해 최적의 물류 경로와 배송 전략을 제시한다. 이러한 전략은 신선도를 유지하면서 비용을 절감할 수 있도록 돕는다. 아울러 소비자 데이터 분석을 통해 특정 상품의 수요 변화를 예측함으로써 과잉생산과 재고 부족 문제를 해결할 수 있다. 이는 낭비를 줄이고 소비자의 요구를 더욱 효과적으로 충족하는 데 기여한다.

수요 예측과 공급망 관리의 미래

수요 예측과 공급망 관리에서 AI와 머신러닝의 적용은 산업 효율성을 높이고 지속 가능한 발전을 도모한다. 이러한 기술들은 데이터 분석 및 처리 속도를 향상해 더 많은 데이터를 통합하고 복잡한 시장 환경에서도 정교한 예측을 제공할 잠재력을 지니고 있다. 예를 들어 머신러닝 기반 예측 시스템은 계절적 요인, 소비자 행동 패턴, 경제적 요인을 결합해 다차원적 분석을 수행한다. 이를 통해 기업은 더욱 세밀한 의사 결정을 내리고 공급망 운영을 최적화할 수 있다.

향후 AI 기술은 자동화된 의사 결정 시스템과 통합되어 공급망 관리의 모든 단계를 디지털화할 것으로 예상된다. 예컨대 AI는 실시간 데이터를 기반으로 물류 경로를 재설계하거나 새로운 수요에 맞춰 재고를 자동 조정할 수 있다. 또한 환경적 지속 가능성을 고려한 최적화 모델을 통해 탄소 배출량을 줄이고 비용 절감을 달성할 수 있는 기회를 창출할 것이다.

이러한 기술 발전은 기업의 경쟁력을 강화하고 소비자 만족도를 높이며 환경적 영향을 최소화하는 데 기여할 것이다. AI와 머신러닝은 이제 단순한 도구를 넘어 공급망 관리의 미래를 이끄는 핵심 요소로 자리 잡고 있다.

참고문헌

석한글(2021.3.17). Part 3. 식품 안전 걱정 해소할 솔루션으로 '블록체인' 주목. 물류신문, https://www.klnews.co.kr/news/articleView.html?idxno=300803

Aamer, A. et al.(2020). Data analytics in the supply chain management: Review of machine learning applications in demand forecasting. *Operations and Supply Chain Management: An International Journal*, 14(1), pp.1-13.

Aci, M. & Yergök, D.(2023). Demand Forecasting for Food Production Using Machine Learning Algorithms: A Case Study of University Refectory. *Tehnički vjesnik*, 30(6), pp.1683-1691.

Douaioui, K. et al.(2024). Machine Learning and Deep Learning Models for Demand Forecasting in Supply Chain Management: A Critical Review. *Applied System Innovation(ASI)*, 7(5).

Feizabadi, J.(2022). Machine learning demand forecasting and supply chain performance. *International Journal of Logistics Research and Applications*, 25(2), pp.119-142.

Kim, S. S. et al.(2021). Real-time analysis and predictability of the health functional food market using big data. *Food Science and Biotechnology*, 30(13), pp.1667-1674.

Panda, S. K. et al.(2023). Time series forecasting and modeling of food demand supply chain based on regressors analysis. *IEEE Access*, 11, pp.42679-42700.

Perego, L.(2018). Food demand forecasting with Machine Learning: the prospects of cross-sectional training.

Production and Operations Management, 30(12).

Rodrigues, M. et al.(2024). Machine learning models for short−term demand forecasting in food catering services: A solution to reduce food waste. *Journal of Cleaner Production*, 435.

Silva, J. C. et al.(2019). Demand forecasting: A case study in the food industry. *Computational Science and Its Applications−ICCSA 2019: 19th International Conference, Saint Petersburg, Russia, July 1−4, 2019, Proceedings, Part III 19*(pp.50−63). Springer International Publishing.

Taylor, D. H.(2006). Demand management in agri-food supply chains: an analysis of the characteristics and problems and a framework for improvement. *The international journal of logistics management*, 17(2), pp.163−186.

05
맞춤형 식품 개발의 미래

현대 사회에서 식품 소비는 개인의 건강 상태와 라이프스타일에 따라 점점 더 세분화하고 있다. 소비자들은 단순히 배를 채우기 위한 음식을 넘어 건강과 웰빙에 기여하는 맞춤형 식품을 추구하고 있다. AI와 머신러닝 기술은 이러한 변화에서 중요한 역할을 하며, 개인의 건강 데이터와 선호도를 분석해 맞춤형 식품 솔루션을 제공한다. 최신 연구와 실제 사례들은 이러한 기술 발전이 맞춤형 식품 산업의 미래를 혁신적으로 변화시키고 있음을 보여 준다.

AI와 아이돌?

AI를 활용한 맞춤형 식품 설계

데이터 기반 개인화

맞춤형 식품 개발의 핵심은 개별 소비자 데이터를 활용해 개인화된 제품을 설계하는 것이다. AI는 다양한 데이터 소스를 분석해 개인의 필요를 충족하는 식품 개발에 도움을 준다. 예를 들어 개인의 유전자 데이터, 건강 기록 그리고 식단 습관을 결합해 그 개인에게 가장 적합한 영양소 조합을 제안할 수 있다.

이와 같은 데이터 기반 접근법은 건강 문제를 예방하고 관리하는 데 효과적이다. 예를 들어 당뇨병 환자에게는 혈당을 안정적으로 유지하는 식단을, 심혈관계 질환 위험이 높은 사람들에게는 콜레스테롤 수치를 낮춘 식품을 제공할 수 있다. 이러한 맞춤형 식품 설계는 소비자의 건강을 개선할 뿐 아니라 식품 산업의 새로운 수익 창출 기회를 마련한다.

머신러닝과 뉴럴 네트워크의 활용

머신러닝과 뉴럴 네트워크는 대규모 데이터 분석과 예측의 강력한 도구다. 특히 디프 러닝 기술은 개인의 식단 데이터와 라이프스타일 정보를 기반으로 더욱 정확한 추천을 가능하게 한다. 예를 들어 뉴럴 네트워크 모델은 소비자의 식품 선호도를 학습하고 새로운 식품 조합을 제안하는 데 활용될 수 있다.

이러한 기술은 맞춤형 식품 개발의 설계 과정을 자동화하며, 소비자 요구에 실시간으로 대응할 수 있는 제품을 개발할 수 있게 한다. 또한 알고리즘을 활용해 맛, 영양, 텍스처와 같은 요인을 고려한 최적의 식품 조합을 설계할 수 있다.

맞춤형 영양과 건강 관리

식단 유형과 선호도 반영

맞춤형 영양 관리에서는 개별 소비자의 식단 유형과 선호도를 반영하는 것이 핵심적이다. 예를 들어 채식주의, 비건, 케토제닉 다이어트(Ketogenic diet) 등 다양한 식단 유형에 맞춘 맞춤형 솔루션이 필요하다. 각 식단 유형은 특정 영양소와 식품군을 중점적으로 포함하거나 제외하기 때문에, AI 기반 솔루션은 이를 고려해 개인화된 추천을 제공한다.

건강 상태별 맞춤형 솔루션

건강 상태에 따라 맞춤형 영양소가 필요할 수 있다. 예를 들어 알레르기가 있는 소비자를 위해 특정 성분을 배제하거나 글루텐 불내증이 있는 소비자에게 글루텐 프리 옵션을 제안하는 시스템이 필요하다. 자가면역 질환을 관리하기 위한 항염증 식단이나 심혈관 건강을 지원하는 식품 조합도 이러한 맞춤형 솔루션의 일환으로 개발되고 있다.

문화적·지역적 고려

문화적 배경과 지역적 특성을 반영한 맞춤형 식품도 중요하다. 예를 들어 아시아에서는 쌀에 기반한 식품이 주요한 선택지며, 서구권에서는 밀을 중심으로 한 제품이 선호될 가능성이 높다. AI는 이러한 지역적 차이를 학습하고 다양한 소비자 집단의 요구를 충족할 수 있는 솔루션을 제안한다.

정밀 영양학과 건강 개선

정밀 영양학은 유전학, 대사학 그리고 환경 요인을 통합해 개인에게 최적화된 영양 솔루션을 제공하는 분야다. 예를 들어 한 연구는 특정 유전적 변이를 가진 사람들이 특정 비타민이나 미네랄의 흡수율이 낮다는 점을 발견하고 이러한 개인에게 적합한 영양제를 설계하는 데 성공했다. 또한 대사 상태를 분석해 혈당 조절이 필요한 당뇨병 환자에게 최적화된 식단을 제공함으로써 혈당 수치를 안정적으로 유지한 사례가 있다. 이러한 사례는 정밀 영양학이 건강 개선에 미치는 긍정적 영향을 보여 준다. 특히 정밀 영양학은 만성 질환을 관리하는 데 큰 잠재력을 가지고 있다. 개인화된 식단은 비만, 당뇨병 그리고 심혈관 질환의 예방과 관리를 돕는 데 효과적이다.

스마트 디바이스와 연계된 영양 관리

스마트폰과 웨어러블 디바이스는 맞춤형 식품 솔루션을 개인의 일상생활에 통합하는 데 중요한 역할을 한다. 예를 들어 피트비트(Fitbit)와 같은 웨어러블 디바이스는 사용자의 신체 활동 데이터를 실시간으로 모니터링해 소모된 칼로리를 계산한다. 식단 앱 마이피트니스팔(MyFitnessPal)은 이 데이터를 기반으로 개인의 영양 목표에 맞는 식품을 추천한다. 또한 애플 헬스(Apple Health)와 연동된 아이폰 앱은 사용자의 건강 기록과 운동 패턴을 분석해 맞춤형 식사 계획을 제공한다. 이러한 기술들은 사용자가 자신의 건강 목표를 효과적으로 달성하도록 지원하며, 개인화된 식품 선택의 효율성을 극대화한다. 이러한 디바이스는 사용자의 활동 수준, 칼로리 소비, 식습관을 실시간으로 모니터링해 개인화된 식품 추천을 제공한다.

예를 들어 스마트워치를 통해 수집된 심박수와 활동 데이터는 개인의 칼로리 소모량을 계산해 필요한 영양소를 보충할 수 있는 식품을 추천하는 데 활용될 수 있다. 이러한 시스템은 개인의 건강 목표 달성을 지원하며, 지속 가능한 건강 관리 체계를 구축하는 데 기여한다.

3D 프린팅과 맞춤형 식품 생산

3D 프린팅 기술은 맞춤형 식품 개발의 새로운 가능성을 연다. 이 기술은 소비자의 요구에 따라 다양한 형태와 맛을 지닌 식품을 생산할 수 있는 유연성을 제공한다. AI와 결합된 3D 프린팅 기술은 맞춤형 영양소 조합과 구조를 설계하는 데 사용될 수 있으며, 다양한 소비자 요구를 충족하는 데 강력한 도구로 작용한다.

3D 프린팅 기술의 주요 응용 분야 중 하나는 특정 건강 요구를 지닌 개인을 위한 맞춤형 식품 제작이다. 예를 들어 단백질이나 비타민이 풍부한 식품을 설계해 스포츠 선수나 회복 중인 환자에게 적합한 영양소를 제공할 수 있다. 또한 이러한 기술은 미각 선호도에 따라 질감과 맛을 조정해 소비자의 만족도를 높인다.

3D 프린팅은 어린이와 노인 등을 위한 맞춤형 식품 개

발에서도 두각을 나타내고 있다. 예컨대 치아가 약한 노인을 위해 부드러운 질감의 영양 강화 식품을 제작하거나 어린이를 위해 매력적인 모양과 맛을 지닌 영양 간식을 설계할 수 있다. 이러한 접근은 개인화된 식품 경험을 제공해 건강을 관리하고 즐거움을 줄 새로운 방법을 제시한다.

3D 프린팅 기술은 지속 가능성을 강화하는 데 중요한 역할을 한다. 남는 식재료를 재활용하거나 식물성 단백질과 같은 대체 재료를 사용해 환경적 영향을 줄일 수 있다. 이는 식품 낭비를 줄이고 자원을 효율적으로 활용하는 데 기여하며, 지속 가능한 식품 산업 발전에 중요한 기회를 제공한다.

맞춤형 식품 산업의 미래 전망

맞춤형 식품은 개인화된 식품 제공을 넘어 지속 가능성과 효율성을 높이는 데에도 기여한다. 예를 들어 식품 낭비를 줄이고, 자원을 효율적으로 활용하며, 소비자에게 최적화된 가치를 제공할 수 있다. 또한 AI와 빅데이터 분석 기술의 발전은 맞춤형 식품 산업의 성장을 가속화할 것으로 예상된다.

미래에는 더욱 정교한 데이터 분석과 실시간 모니터

링 기술을 통해 소비자와 생산자가 긴밀히 연결되고, 이를 통해 식품 산업 전반에서 혁신이 지속될 것이다. 이러한 변화는 소비자 만족도를 높이며 산업 전반의 경쟁력을 강화할 것이다.

기술 혁신과 지속 가능성의 비전

맞춤형 식품 개발은 기술 혁신과 소비자 중심의 접근 방식을 결합해 새로운 가능성을 창출하고 있다. AI, 머신러닝, 3D 프린팅과 같은 첨단 기술은 맞춤형 식품 설계와 생산의 효율성을 크게 높이고 있다. 이러한 기술은 개인의 건강과 웰빙을 향상하는 데 중요한 역할을 하며, 특히 소비자 요구에 신속하게 대응할 수 있는 유연성을 제공한다.

예를 들어 머신러닝 알고리즘은 개인의 식단 기록과 건강 데이터를 분석해 최적화된 영양소 조합을 제안할 수 있다. 3D 프린팅 기술은 이러한 영양소에 기반한 맞춤형 식품을 빠르고 정확하게 생산할 수단을 제공한다. 또한 AI는 소비자 피드백을 실시간으로 분석해 새로운 식품 설계 및 생산에 즉각 반영함으로써 맞춤형 식품의 품질과 효율성을 지속적으로 개선할 수 있다.

이러한 기술 발전은 지속 가능한 식품 산업의 미래를

열고 있으며, 환경적 영향을 최소화하고 자원 사용을 최적화하는 데 기여한다. 맞춤형 식품은 개인의 건강 증진을 넘어 전 세계적으로 식품 산업의 혁신과 지속 가능성을 이루는 핵심 동력이 되고 있다.

참고문헌

Al-Hubaishi, M. et al.(2024). Personalized Food Recommendations: A Machine Learning Model for Enhanced Dining Choices. *2024 IEEE 14th International Conference on Control System, Computing and Engineering(ICCSCE)*, pp.316-320.

Bedoya, M. G. et al.(2022). Promising perspectives on novel protein food sources combining artificial intelligence and 3D food printing for food industry. *Trends in Food Science & Technology*, 128, pp.38-52.

Dénes-Fazakas, L. et al.(2024). Personalized food consumption detection with deep learning and Inertial Measurement Unit sensor. *Computers in Biology and Medicine*, 182.

Khamoushi, E.(2024). AI in Food Marketing from Personalized Recommendations to Predictive Analytics: Comparing Traditional Advertising Techniques with AI-Driven Strategies. arXiv, https://arxiv.org/abs/2410.01815

Marrapu, H. K. et al.(2022). Survey on Personalized Healthy Diet Recommendation System Using Machine Learning. *NeuroQuantology*, 20(13), pp.916-922.

Mondal, M. K. H. et al.(2023). Advanced Deep Learning and NLP for Enhanced Food Delivery: Future Insights on Demand Prediction, Route Optimization, Personalization, and Customer Support. *2023 IEEE Renewable Energy and Sustainable E-Mobility Conference(RESEM)*, pp.1-5.

Panagoulias, D. P. et al.(2021). Nutritional biomarkers and machine learning for personalized nutrition applications and health optimization. *Intelligent Decision Technologies*, 15(4), pp.645-653.

Roy, R. et al.(2022). Drug-food interactions in the era of molecular big data, machine intelligence, and personalized health. *Recent Advances in Food Nutrition & Agriculture*, 13(1), pp.27-50.

Tsolakidis, D. et al.(2024). Artificial Intelligence and Machine Learning Technologies for Personalized Nutrition: A Review. *Informatics*, 11(3).

06
소비자 경험과 마케팅의 디지털화

디지털 기술과 AI의 발전은 소비자 경험과 마케팅의 새로운 지평을 열었다. 소비자 행동 분석, 데이터 기반 의사 결정, 개인 맞춤형 마케팅은 AI가 변화시키고 있는 주요 영역이다. 확장현실, 챗봇, 가상 피드백 시스템 등 최신 기술을 활용한 소비자 경험과 마케팅 최적화가 어떻게 이뤄지는지 심층적으로 탐구해 보자.

AI와 야구?

AI 기반 소비자 행동 분석

AI는 소비자 행동을 더욱 정교하게 분석하고 이해하는 데 핵심적인 역할을 한다. 머신러닝과 자연어 처리(Natural Language Processing, NLP) 기술을 통해 대규모 사용자 생성 콘텐츠(User Generated Contents, UGC)를 분석하면 감정, 주제, 소비 패턴을 파악할 수 있다. 이는 더욱 개인화된 마케팅 전략을 수립하는 데 중요한 데이터로 활용된다.

사용자 생성 콘텐츠의 활용

사용자 리뷰, 소셜 미디어 게시물 등은 소비자 요구를 파악하는 데 유용하다. 예를 들어 한 식품 회사는 트위터 데이터를 활용해 자사의 신제품에 대한 소비자 반응을 실시간으로 평가했다. 감정 분석 결과 소비자들이 맛과 패키징에 대해서는 긍정적인 의견을 보였으나 가격에는 불만을 표했음이 확인되었다. 이러한 분석을 바탕으로 해당 기업은 즉시 가격 정책을 재검토하고 패키징 관련 홍보를 강화하는 전략을 채택했다.

이처럼 소셜 미디어 데이터를 통한 감정 분석은 기업이 소비자와의 상호작용을 개선하고 마케팅 전략을 정교화하는 데 도움을 준다. 또한 특정 제품에 대한 긍정적

또는 부정적 피드백을 빠르게 감지해 필요한 조치를 즉각 취할 수 있게 한다. 한 신선식품 유통 업체는 고객 리뷰에서 배송 시간에 대한 불만을 실시간으로 감지하고 배송 시스템을 개선하기 위해 지역별 물류 거점을 추가로 구축했다. 이러한 실시간 대응은 소비자 만족도를 크게 향상했다.

소비자 감정과 키워드 추출

특정 감정과 연관된 키워드를 식별하면 소비자 경험을 개선할 수 있다. 예컨대 "신선하다"와 같은 키워드가 소비자 리뷰에서 반복적으로 등장한다면 이를 강조한 광고 전략을 수립할 수 있다. 실제로 한 유기농 식품 브랜드는 "신선함과 품질"에 대한 소비자의 피드백을 바탕으로 재배와 수확 과정을 투명하게 보여 주는 캠페인을 통해 고객 신뢰를 강화했다. "편리하다"라는 키워드가 자주 언급된다면 신선식품 배송 서비스는 정해진 시간 내 배송 보장을 부각하는 프로모션 전략을 통해 경쟁력을 강화할 수 있다. 이는 제품을 개발하고 서비스를 개선하려 할 때 소비자의 핵심 관심사를 파악하는 데 중요한 역할을 하며, 장기적으로 브랜드 충성도를 높이는 데 기여할 수 있다.

챗봇과 가상 비서

챗봇과 가상 비서는 소비자와 기업 간 상호작용을 혁신적으로 변화시키고 있다.

멈춤 없는 고객 지원

챗봇은 연중무휴로 고객 문의를 처리하며, 빠르고 효율적인 서비스를 제공한다. 예를 들어 이커머스 플랫폼에서 고객이 주문 상태를 확인하거나 반품 절차에 대한 안내를 받을 때, 챗봇은 즉각적으로 필요한 정보를 제공한다. 이는 고객 대기 시간을 크게 단축하고 전반적인 서비스 만족도를 높인다. 또한 고객의 언어와 시간대에 맞춘 다국어 지원 시스템은 글로벌 시장에서도 효과적으로 활용되고 있다. 이를테면 다국적 소매업체는 영어, 스페인어, 중국어를 포함한 다양한 언어로 서비스를 제공해 각 지역 고객의 요구를 충족하고 있다. 이러한 기능은 시간대가 다른 국가들에 고객 기반을 둔 기업에 매우 유용하며, 챗봇의 활용 범위를 더욱 확장하고 있다.

개인화된 서비스 제공

AI 기반 챗봇은 사용자의 이전 대화와 데이터를 분석해 맞춤형 추천을 제공한다. 소비자가 특정 제품군에 관심을 보일 경우 관련 제품을 추천하거나 프로모션 정보를 제공할 수 있다. 이러한 추천은 사용자의 과거 구매 기록, 검색 패턴, 시간대와 같은 추가 데이터를 통합해 더욱 정밀해질 수 있다.

더 나아가 이 시스템은 지속적으로 학습하며 고객의 선호도 변화를 반영할 수 있다. 특정 계절이나 이벤트와 관련된 관심사를 기반으로 추천을 제공하거나, 고객이 자주 문의하는 질문에 대한 답변의 정확성과 속도를 향상할 수 있다. 또한 음성 인식 기술을 통합해 고객과의 상호작용을 더욱 자연스럽고 효율적으로 만들며, 특정 고객 요청에 따라 개인화된 메시지와 응대를 제공할 수 있는 기능도 포함하고 있다.

확장현실의 응용

확장현실(extended reality, XR) 기술은 소비자 경험을 더욱 몰입감 있게 만들며, 마케팅의 새로운 가능성을 제시한다.

가상 쇼핑 환경

가상현실(Virtual Reality, VR) 기술을 활용하면 소비자는 매장을 방문하지 않고도 제품을 체험할 수 있다. 가상현실 기술은 사용자 몰입도를 높이며, 이를 통해 소비자는 제품을 더욱 직관적으로 이해하고 선택할 수 있다. 예를 들어 패션 브랜드는 소비자가 옷을 가상으로 입어 볼 수 있는 서비스를 제공해 구매 결정을 돕는다. 이러한 기술은 패션 업계 외에도 부동산, 자동차, 가전제품 등 고가 제품 구매 과정에서도 효과적으로 활용되고 있다.

식품 분야에서는 가상현실을 통해 소비자가 제품의 생산 과정을 가상으로 체험할 수 있다. 이는 소비자에게 신뢰를 심어 주고 브랜드 가치를 높이는 데 기여한다. 전라북도 순창군은 식품과학에 대한 어린이와 청소년들의 흥미를 높이기 위해 첨단 기술을 접목한 '푸드사이언스관'을 개관했다. 이 시설은 다양한 전시와 체험 공간을 통해 식품과 과학의 융합을 체험할 수 있도록 설계되었으며, 특히 가상현실 기술을 활용한 체험 프로그램이 주목받고 있다.

푸드사이언스관의 가상현실 체험관은 방문객이 가상 공간에서 요리를 직접 체험할 수 있게 한다. 이 프로그램은 실제로 요리 재료를 다루지 않고도 조리 과정을 생생하게 느낄 수 있어 음식 조리에 대한 이해와 흥미를 높이는 데 효과적이다. 가상 환경에서 발효 과정을 재현하거나, 특정 요리의 재료를 선택하고 조합해 최종 요리가 완

성되는 과정을 체험할 수 있다.

레스토랑 업계에서도 가상현실을 활용해 고객이 가상으로 메뉴를 체험하거나 요리 과정에 몰입하는 경험을 할 수 있게 하고 있다. 이러한 접근법은 소비자와의 감정적 연결을 강화하고 브랜드 충성도를 높이는 데 효과적이다. 이 외에도 가상현실은 식품 교육과 홍보의 도구로도 활용되고 있으며, 영양 성분을 시각화하거나 음식의 지속 가능한 생산 과정을 보여 주는 등 혁신적 방식으로 자리 잡고 있다. 이러한 새로운 접근 방식은 기업이 경쟁 시장에서 차별화된 마케팅 전략을 수립하는 데 중요한 역할을 한다.

증강현실 광고

증강현실(Augmented Reality, AR) 기술은 브랜드 스토리를 생동감 있게 전달하며, 소비자의 관심을 끄는 데 매우 효과적이다. 이를 통해 기업은 제품 판매를 넘어 소비자에게 독특하고 몰입감 있는 경험을 제공할 수 있다. 예를 들어 식품 브랜드는 증강현실을 활용해 제품의 원산지 정보를 시각적으로 제공하거나 조리법을 단계별로 안내할 수 있다. 이러한 기술은 소비자가 제품을 더욱 잘 이해하고 구매 결정을 내리는 데 도움을 준다.

또한 증강현실은 오프라인과 온라인을 결합한 옴니채널 전략의 핵심 도구로 자리 잡고 있다. 소비자는 매장에서 스마트폰을 이용해 상품에 대한 추가 정보를 확인하거나 가상의 레시피 시연을 경험할 수 있다. 더 나아가 증강현실은 광고와 프로모션에서도 혁신적 방식을 도입해 소비자의 참여를 유도한다. 예를 들어 소비자는 증강현실 캠페인을 통해 할인 쿠폰을 얻거나 브랜드 이벤트에 참여할 수 있다. 이는 브랜드 충성도를 높이고 고객 경험을 더 개인화된 방식으로 향상하는 데 기여한다.

이 외에도 증강현실 기술은 교육과 체험을 결합해 소비자에게 새로운 가치를 제공한다. 예를 들어 영양 정보를 3D로 시각화하거나 환경 친화적인 생산 과정을 체험할 수 있는 증강현실 앱이 개발되고 있다. 이러한 접근법은 브랜드에 대한 소비자의 신뢰를 강화하고 지속 가능한 소비문화를 조성하는 데 중요한 역할을 한다.

윤리적 소비자 경험 관리

디지털화된 소비자 경험은 윤리적 도전에 직면한다. 데이터 프라이버시, 투명성, 공정성은 AI가 소비자 경험을 설계하고 관리하는 데 중요한 요소다.

데이터 프라이버시 보호

기업은 소비자 데이터를 활용하는 과정에서 투명성을 유지해야 하며, 데이터 수집과 사용에 대한 명확한 동의를 얻어야 한다. 이는 고객 신뢰를 구축하는 데 필수적이다. 이를 위해 기업은 데이터 수집 목적과 활용 범위를 소비자에게 명확히 알리고, 데이터를 수집하는 과정에서 소비자의 선택권을 보장해야 한다. 일례로 일반정보보호규정(General Data Protection Regulation, GDPR)과 같은 규제는 기업이 데이터 관리를 더욱 신중히 수행하도록 한다. 또한 기업은 소비자의 데이터가 안전하게 관리되고 있음을 보장하기 위해 최신 보안 기술과 암호화 프로토콜을 도입해야 한다. 이런 접근법은 법적 요구사항 충족을 넘어 소비자와의 신뢰 관계를 강화하는 데 중요한 역할을 한다.

공정성과 비차별

기업은 AI 모델이 편향된 데이터를 학습하지 않도록 보장해야 한다. 그래야만 모든 소비자 그룹에 공정한 서비스를 제공할 수 있다. 기업들은 AI의 투명성을 높이기 위해 알고리즘의 설계와 학습 과정을 공개하려 노력하고 있다. 또한 AI 개발 초기 단계에서 다양한 데이터를 활용해 모델이 특정 그룹에 유리하거나 불리한 결과를 초래하지 않도록 설계해야 한다. 이를 위해 데이터의 출처와 품질을 철저히 검토하고, 편향된 결과를 줄이기 위한 후속 조치를 지속적으로 모니터링해야 한다. 아울러 AI의 의사 결정 과정을 설명 가능한 형태로 설계해 사용자가 그 과정을 명확히 이해할 수 있도록 해야 한다. 이는 소비자 신뢰를 구축하고 AI 기술이 공정하고 투명하게 작동하도록 보장하는 중요한 단계다.

소비자 참여와 피드백 시스템

AI는 소비자 참여를 강화하고 피드백을 수집하는 새로운 방식을 제안한다.

가상 피드백 시스템

가상 피드백 시스템은 소비자가 제품과 서비스에 대해 실시간으로 피드백을 제공할 수 있는 플랫폼을 제공한다. 이는 기업이 신속하게 문제를 파악하고 대응하는 데 도움을 준다. 예를 들어 식품 체인은 소비자가 모바일 앱을 통해 구매한 제품의 신선도나 맛에 대한 의견을 즉시 남길 수 있게 해 생산·유통 과정에서 발생하는 문제를 신속히 개선하는 시스템을 운영하고 있다. 이러한 시스템은 소매업에서도 활용되어 특정 제품에 대한 소비자 만족도를 평가하고 품질 개선을 위한 데이터를 수집한다. AI는 이러한 데이터를 분석해 트렌드를 파악하고 반복적인 문제를 사전에 방지하는 데 도움을 준다.

더 나아가 가상 피드백 시스템은 실시간으로 경영진에게 주요 문제를 알리고, 빠르게 해결 방안을 제시해 전반적인 운영 효율성을 향상한다. 예컨대 식품업체는 특정 제품에 대한 부정적 피드백이 반복될 경우 AI 분석을 통해 원인을 파악하고 생산 공정을 조정하거나 레시피를 개선하는 등 빠른 대처를 할 수 있다.

피드백 기반 개선

AI로 수집된 데이터를 분석하면 제품과 서비스의 약점을 개선하고 소비자 만족도를 높이는 전략을 수립할 수 있다. AI는 이러한 데이터를 실시간으로 처리해 기업이 신속하게 의사 결정을 내릴 수 있도록 지원한다. 예를 들어 AI는 고객의 불만 사항을 분석해 반복적으로 발생하는 문제를 탐지한 뒤 개선 조치를 자동으로 제안할 수 있다. 또한 피드백 데이터를 시각화해 경영진이 주요 문제를 직관적으로 이해할 수 있도록 돕는다. 더 나아가 AI는 제품 출시 후 초기 사용자 반응을 분석해 필요한 경우 즉각적 조정을 가능하게 하며, 이를 통해 제품의 성공 가능성을 높인다.

디지털 마케팅과 소비자 경험의 미래

소비자 경험과 마케팅의 디지털화는 AI 기술과 데이터 활용을 통해 지속적으로 발전하고 있다. 챗봇, 확장현실, 윤리적 데이터 관리 등은 기업이 소비자와의 관계를 강화하고 경쟁력을 확보하는 데 중요한 도구다. AI는 데이터를 처리하는 기술적 도구를 넘어 고객 여정의 모든 단계를 정밀히 분석해 소비자 만족도를 극대화하는 역할을 한다.

앞으로 AI와 디지털 기술의 융합은 소비자 경험을 더욱 혁신적으로 변화시킬 것이다. 예를 들어 자연어 처리 기술과 감정 분석의 결합은 소비자의 피드백을 실시간으로 처리하고 맞춤형 솔루션을 제공하는 데 필수적이다. 더 나아가 AI는 가상현실 기술이나 증강현실 기술과 융합해 소비자에게 더욱 몰입감 있는 경험을 제공하며 마케팅 효과를 극대화할 수 있다.

AI는 소비자와 기업 모두에게 장기적 가치를 제공하며 지속 가능한 디지털 마케팅의 기반을 마련할 것이다. 지속 가능성을 고려한 AI 기반 마케팅은 에너지 효율성과 자원 최적화를 통해 환경적 책임을 다하면서도 높은 수익성을 유지할 수 있는 새로운 표준을 제시할 것이다.

참고문헌

김동욱(2021.3.31). VR체험·게임으로 배우는 식품 '순창 푸드사이언스관' 31일 개관. 세계일보, https://www.segye.com/newsView/20210330515207

Akhmedova, R.(2024). Transformation of customer experience management in the restaurant business in the context of digitalization. *BIO Web of Conferences*, 113.

Hoyer, W. D. et al.(2020). Transforming the customer experience through new technologies. *Journal of interactive marketing*, 51(1), pp.57-71.

Livelytics(2024.8.24). Leveraging AI to Collect Customer Insights in the Restaurant Industry. Livelytics, https://livelytics.ai/ai-to-collect-customer-insights/

Mustak, M. et al.(2024). Using machine learning to develop customer insights from user-generated content. *Journal of Retailing and Consumer Services*, 81.

Velasco, C. et al.(2024). Paradoxes, challenges, and opportunities in the context of ethical customer experience management. *Psychology & Marketing*, 41(10), pp.2506-2524.

07
지속 가능한 식품 산업을 위한 AI

AI는 지속 가능한 발전 목표를 달성하기 위한 강력한 도구로 떠오르고 있다. 특히 자원 최적화, 환경 영향 최소화, 자원 낭비 감소 측면에서 식품 산업의 지속 가능성을 강화한다. AI가 식품 산업이 지속 가능성 목표를 달성하는 데 어떻게 기여하고 있는지, 자원 낭비를 감소시키고 환경 영향을 줄이는 구체적 사례를 통해 살펴보자.

AI와 운동주?

AI 기반 자원 최적화

유엔은 2030년까지 전 세계의 기아를 종식하고, 식량 안보를 달성하며, 영양 상태를 개선하고, 지속 가능한 농업을 촉진하기 위해 '지속가능발전목표 2(SDG 2)'를 수립했다.

그러나 2015년 이후 팬데믹, 분쟁, 기후 변화, 불평등 심화 등 복합적 요인으로 인해 기아와 식량 불안정 문제가 악화했다. 2022년 기준 약 7억 3500만 명, 즉 전 세계 인구의 9.2퍼센트가 만성적인 기아 상태에 있으며, 이는 2019년 대비 크게 증가한 수치다. 또한 2022년에는 약 24억 명이 심각한 수준의 식량 불안정을 겪었으며, 이는 2019년 대비 3억 9100만 명이 증가한 수치다. 이러한 상황은 지속 가능한 발전을 저해하며 생산성 저하와 질병 취약성을 높여 빈곤의 악순환을 심화한다. 따라서 기아 문제를 해결하려면 농업 부문에 대한 투자, 식량 시스템의 전환, 불평등 해소, 지속 가능한 농업 관행 도입, 분쟁과 팬데믹의 영향 감소 등 긴급하고 통합적인 노력이 필요하다.

이러한 상황에서 AI는 식품 공급망 전반에서 자원을 효율적으로 관리하고 최적화하는 데 중요한 역할을 한다. 머신러닝과 데이터 분석 기술은 생산, 유통,

소비 단계에서 데이터 기반의 의사 결정을 가능하게 한다.

생산 과정에서의 자원 효율성

AI는 작물 성장 상태를 실시간으로 모니터링하고, 병충해나 질병을 사전에 감지하는 시스템을 제공한다. 예를 들어 스마트 센서와 AI 기술은 토양의 수분 및 영양 상태를 분석하고 적절한 관개 및 비료 사용량을 제안해 자원 낭비를 줄인다. 이러한 접근법은 특히 물 부족 문제가 심각한 지역에서 큰 효과를 발휘한다.

드론과 AI 기반 이미지 분석 기술을 결합하면 작물의 건강 상태를 정밀하게 진단하고 문제 발생 시 초기 단계에서 해결할 수 있다. 한 글로벌 농업 기술 기업은 이러한 시스템을 활용해 병충해로 인한 작물 손실을 30퍼센트 이상 감소시키고 생산성을 20퍼센트 향상했다. 또한 AI는 작물의 최적 재배 시기를 예측하고 특정 지역의 기상 조건에 따라 맞춤형 재배 계획을 수립해 농업 자원의 효율성을 극대화하고 있다.

이와 같은 기술은 농업 종사자들이 더욱 스마트하고 지속 가능한 농업 방식을 도입할 수 있도록 돕고 있으며, 전 세계적으로 식량 생산의 안정성과 품질을 강화하는 데 기여하고 있다.

공급망 관리와 물류 최적화

공급망의 복잡성을 AI로 단순화하면 물류 효율성을 높이고 탄소 발자국을 줄일 수 있다. 예를 들어 머신러닝 알고리즘은 유통 경로를 최적화해 운송 중 발생하는 에너지 소비를 줄이고 제품의 신선도를 보장한다. 월마트는 AI 기반 물류 최적화 시스템을 도입해 제품 운송 과정에서 연료 소비를 10퍼센트 절감하고, 온실가스 배출량을 크게 줄였다. 이러한 시스템은 물류 센터에서의 재고 회전을 더욱 효율적으로 관리해 과잉 재고로 인한 식품 폐기율을 20퍼센트 이상 감소시키는 데 기여했다. 아울러 AI는 운송 경로에서 기상 조건과 교통 데이터를 실시간으로 분석해 최적의 배송 경로를 제안함으로써 시간과 자원을 절약하는 데에도 효과적이다.

환경 영향 최소화

AI는 식품 생산과 소비에서 발생하는 환경적 영향을 줄이는 데 중요한 도구다. 특히 생애주기 평가와 같은 방법론과 결합해 환경 영향을 구체적으로 측정하고 최적화할 수 있다.

폐기물 관리와 재활용

AI 기반 이미지 처리 및 센서 기술은 생산 과정에서 발생하는 폐기물을 분류하고 재활용 가능한 자원을 식별하는 데 활용된다. AI는 폐기물 관리 시스템에서 유기물과 비유기물을 자동으로 분류해 재활용 프로세스를 가속화하고 자원 재사용을 극대화한다. 글로벌 식품 회사 다논은 이러한 기술을 도입해 생산 공정에서 발생하는 플라스틱 폐기물을 실시간으로 분석하고 분류해 재활용 효율을 크게 높였다. 또한 AI는 적정 생산량을 예측해 과잉 생산을 방지하며, 폐기될 가능성이 있는 제품을 조기에 탐지해 재사용 가능한 자원으로 전환한다. 이를 통해 기업은 비용을 절감할 뿐 아니라 지속 가능성을 실현하는 데에도 성공을 거두고 있다.

온실가스 배출 감축

AI는 에너지 사용 패턴을 분석하고 효율성을 극대화하는 시스템을 개발해 온실가스 배출을 줄이는 데 기여한다. 일례로 AI는 에너지 집약적 공정에서 에너지 소비를 실시간으로 모니터링하고 최적의 에너지 사용 전략을 제안해 생산 공정의 탄소 배출을 최소화한다. 네슬레는 남아프리카공화국 프리토리아의 바벨레기(Babelegi) 공장에서 에

미션캡처컴퍼니(Emissions Capture Company, ECCO)와 협력해 '화이트박스(WhiteBox)'라는 머신러닝 기반 기술을 도입했다. 이 기술은 생산 과정에서 발생하는 1차 탄소 배출(Scope 1 CO2 emissions)을 포집해 이를 소비재, 식품, 동물 사료, 화장품, 의약품 등의 생산에 활용되는 친환경 제품으로 전환한다. 또한 산업 폐수를 재활용해 연간 약 10만 세제곱미터의 물을 절약할 수 있다. 이러한 AI 기반 시스템은 에너지 효율적인 가스 처리와 직접 공기 포집 기술을 통해 연료 소비를 최소화하면서도 배출 가스를 효과적으로 처리한다. 네슬레는 바벨레기 공장에서의 성공적 운영을 바탕으로 이 기술을 에스코트(Estcourt), 해리스미스(Harrismith), 모셀베이(Mosselbay) 등 남아프리카공화국의 다른 생산 시설에도 확대 적용할 계획이다. 이러한 노력은 네슬레의 지속 가능성 플랫폼인 'RE'의 원칙을 강조하며, 기후 변화 완화와 폐기물 없는 미래를 위한 다각적이고 통합된 접근 방식을 보여 준다. 이를 통해 네슬레는 탄소 배출 감소와 폐수 재활용을 실현하며 지역 사회에 긍정적인 영향을 미치고 있다. 이러한 기술은 지속 가능성을 목표로 하는 기업들에게 필수적인 솔루션으로 자리 잡고 있다.

지속 가능성 강화를 위한 혁신 사례

대체 단백질 생산

AI는 식물성 고기나 세포 배양육과 같은 대체 단백질 개발을 가속화하고 있다. 이 기술은 영양 성분 분석, 맛·질감 최적화를 통해 소비자 수용성을 높이고 있다. 예를 들어 머신러닝 알고리즘은 다양한 재료 조합과 가공 조건을 시뮬레이션해 단백질 함량을 극대화하면서 맛과 질감을 소비자 선호에 맞게 조정한다. 한 글로벌 식품 기업은 AI를 활용해 완두콩 단백질과 곤충 단백질의 이상적인 배합 비율을 찾아냈으며, 이를 통해 기존 고기 대체 식품보다 더욱 풍부한 영양을 제공하는 제품을 출시했다.

식물성 고기는 전통적 육류 생산이 환경에 미치는 부정적 영향을 현저히 줄일 수 있다. 축산업의 온실가스 배출량은 전 세계 온실가스 배출량의 약 15퍼센트를 차지하며, 2031년까지 이러한 배출량이 9퍼센트 증가할 것으로 예상된다. 반면 식물성 고기는 탄소 효율성이 최대 120배 높다. 즉 탄소 배출을 크게 감소시킬 수 있다. 2021년 연구에 따르면 식물성 패티는 소고기 패티보다 기후 변화에 미치는 부담이 77퍼센트 적으며, 토지와 물 사용량, 부영양화, 산성화 측면에서도 환경에 미치는 부정적 영향이 훨씬 덜하다.

일각에서는 식물성 고기가 통합적인 식물 기반 식단만큼 지속 가능하지 않을 수 있다는 비판이 제기된다. 하지만 식물성 고기는 고기 소비자들이 완전히 채식으로 전환하는 것보다 현실적인 대안으로 간주된다. 소비자들은 맛과 식감에서 동물성 제품과 유사한 식물성 제품을 통해 환경에 미치는 영향을 줄이면서도 기존 식습관을 유지할 수 있다. 이러한 유연한 채식주의자(flexitarian)를 대상으로 한 시장이 확대되고 있으며, 이는 지속 가능한 식품 산업을 구축하는 데 중요한 역할을 한다. 한편 세포 배양육 생산에서 AI는 배양 조건을 최적화해 에너지 소비를 줄이고 배양 속도를 높이는 데 기여하고 있다. 이러한 혁신은 지속 가능한 식품 생산의 미래를 여는 데 중요한 역할을 하고 있다.

스마트 팜과 수직 농업

AI와 사물인터넷 기술이 결합된 스마트 팜은 농작물 재배 과정을 자동화하고, 공간 효율성을 극대화하며, 자원 사용을 최소화한다. 이러한 기술은 센서와 머신러닝 알고리즘을 통해 실시간으로 환경 데이터를 수집하고 분석함으로써 최적의 재배 조건을 자동으로 조정한다. 예를 들어 온도와 습도를 지속적으로 모니터링해 작물이 필요로 하는 물과 영양분을 정확히 공급함으로써 자원 낭비를 줄인다. 특히 수직 농업은 도시 지역에서 신선한 농산물을 생산하며, 물과 토양 사용량을 기존 농업 대비 90퍼센트 이상 절감할 수 있다. 또한 이 기술은 농약 사용을 최소화하고 에너지 효율을 극대화하며, 지역 내 생산-소비 모델을 통해 운송으로 인한 탄소 배출을 크게 감소시킨다.

AI를 통한 지속 가능성의 비전

AI는 지속 가능한 식품 산업을 구축하는 데 핵심 기술로 자리 잡고 있다. AI는 자원 최적화, 환경 영향 최소화, 혁신적 솔루션 도입을 통해 지속 가능성을 목표로 하는 식품 산업의 미래를 선도할 것이다. 예를 들어 농업 분야에서는 AI 기반 데이터 분석을 통해 작물 생산 효율성을 높이고 물과 비료 사용량을 줄이며 환경 부담을 최소화하고 있다. 식품 제조업에서는 에너지 소비를 실시간으로 모니터링하고 최적화해 탄소 배출을 감소시키는 스마트 팩토리 시스템이 빠르게 확산되고 있다. 소비 단계에서는 AI를 활용한 소비자 행동 예측 기술이 음식물 쓰레기를 줄이고 공급망의 불균형을 해소하는 데 기여하고 있다.

앞으로 AI와 빅데이터 분석, 사물인터넷의 융합은 지

속 가능성과 경제성을 동시에 달성하는 데 중요한 역할을 할 것으로 기대된다. 이러한 기술적 융합은 특히 농촌 지역과 저개발 국가에서 지속 가능한 식량 생산과 유통 구조를 혁신적으로 변화시키는 데 기여할 것이다. 이에 따라 AI는 기술적 도구를 넘어 전 세계 식품 산업의 지속 가능성을 선도하는 전략적 자산으로 자리 잡을 것으로 보인다.

참고문헌

Abbate, S. et al.(2023). The digital and sustainable transition of the agri-food sector. *Technological Forecasting and Social Change*, 187.

Abdella, G. M. et al.(2020). Sustainability assessment and modeling based on supervised machine learning techniques: The case for food consumption. *Journal of Cleaner Production*, 251.

Bae Heeya(2024.10.10). 스마트팜의 장점 및 사례. 티스토리, https://bae-heeya.tistory.com/199

CAS Science Team(2023.8.30). Going green with plant-based meat sustainability. American Chemical Society, https://www.cas.org/resources/cas-insights/going-green-plant-based-meat-sustainability

Djekić, I. et al.(2023). Food quality 4.0: Sustainable food manufacturing for the twenty-first century. *Food Engineering Reviews*, 15(4), pp.577-608.

Johnston, L.(2021.11.23). Nestle Using AI To Convert CO2 Into Green Products & Recycle Wastewater. Consumer Goods Technology, https://consumergoods.com/nestle-using-ai-convert-co2-green-products-recycle-wastewater

Kler, R. et al.(2022). [Retracted] Machine Learning and Artificial Intelligence in the Food Industry: A Sustainable Approach. *Journal of Food Quality*, 2022(1).

Nath, P. C. et al.(2024). Recent advances in artificial intelligence towards the sustainable future of agri-food industry. *Food Chemistry*, 447.

Sharma, R. et al.(2020). A systematic literature review on machine learning applications for sustainable agriculture supply chain performance. *Computers & Operations Research*, 119.

Sharma, S. et al.(2021). Sustainable innovations in the food industry through artificial intelligence and big data analytics. *Logistics*, 5(4).

UN(2025.1.7). WFP and the Sustainable Development Goals (SDGs). United Nations, https://www.un.org/sustainabledevelopment/

08
글로벌 식품 산업에서 AI 적용 사례

글로벌 식품 산업은 AI의 도입으로 혁신을 경험하고 있다. AI는 생산 과정 최적화, 공급망 관리, 소비자 행동 분석 등 다양한 분야에서 활용되며, 기업의 경쟁력을 높이는 데 중요한 역할을 하고 있다. 글로벌 식품 기업들이 AI를 도입해 성공적으로 운영하고 있는 사례들을 살펴보고, 지역별 · 산업별 차이를 분석한다.

AI와 한의학?

북미: 생산과 물류 최적화

북미 지역은 AI 기술 도입에서 선구적인 역할을 하고 있다. 특히 네슬레와 코카콜라(Coca-Cola) 같은 대형 식품 기업은 생산과 물류 최적화에 AI를 적극 활용하고 있다.

네슬레의 스마트 팩토리

네슬레는 스마트 팩토리 시스템에 AI를 도입해 생산 효율성을 높이고 있다. 머신러닝 알고리즘을 통해 생산 데이터를 실시간으로 분석하며, 공정 중단을 예측하고 설비 유지 보수 계획을 자동화했다. 이를 통해 설비 가동 중단 시간을 최소화하고 유지 보수에 소요되는 비용을 20퍼센트 이상 절감했다.

또한 네슬레는 AI 기반 품질 관리 시스템을 도입해 제품 불량률을 크게 감소시켰다. 이 시스템은 생산 과정에서 발생하는 데이터를 분석해 잠재적 품질 문제를 조기에 탐지함으로써 불량 제품의 발생을 30퍼센트 이상 줄였다.

네슬레는 AI를 활용해 공장의 에너지 사용 패턴을 분석하고 최적화 전략을 수립했다. 예를 들어 전력 소비가 높은 시간대에 자동으로 장비 가동을 조정하거나 효율성이 낮은 설비를 교체하는 방식으로 에너지 절감을 실현했다. 그 결과 에너지 소비가 10퍼센트 감소했을 뿐 아니라 탄소 배출량도 12퍼센트 이상 줄이는 데 성공했다.

아울러 네슬레는 AI 기술을 물류 시스템과 통합해 공급망 효율성을 높였다. 생산된 제품의 재고 상태를 실시간으로 추적하며, 수요 예측 모델을 활용해 적시에 적절한 양의 제품을 배송함으로써 과잉 재고와 물류 비용을 줄였다. 이러한 통합적 접근법은 네슬레의 생산성과 지속 가능성을 동시에 향상하는 데 크게 기여했다.

코카콜라의 물류 최적화

코카콜라는 AI 기반 물류 관리 시스템을 통해 배송 경로를 최적화하고 있다. 이 시스템은 교통 상황과 날씨 데이터를 실시간으로 분석해 최적의 경로를 제안하며, 운송 시간을 단축하고 연료 소비를 줄이는 데 성공했다. 또한 AI 시스템은 제품의 배송 우선순위를 자동으로 설정해 신선 식품과 같은 민감한 제품의 품질을 보장한다. 예를 들어 AI는 냉장 트럭의 상태와 제품 온도를 실시간으로 모니터링하며, 문제 발생 시 즉각적 조치를 취할 수 있게 하는 경고 시스템을 제공한다. 그 결과 연간 물류 비용이 20퍼센트 감소했으며, 탄소 배출량도 크게 줄어들었다.

아울러 코카콜라는 AI를 활용한 재고 관리 시스템을

도입해 창고 운영의 효율성을 높였다. 이 시스템은 판매 데이터를 분석해 지역별 수요를 예측하고, 필요한 제품을 적시에 적절한 양으로 배송할 수 있도록 지원한다. 이를 통해 과잉 재고를 방지하고 재고 회전율을 15퍼센트 이상 향상했다. AI 기반 물류 관리와 재고 관리의 결합은 공급망 전체의 투명성을 향상하며, 비용 절감과 지속 가능성을 달성하는 데 중요한 역할을 한다.

유럽: 지속 가능성과 윤리적 소비

유럽의 식품 산업은 지속 가능성과 윤리적 소비를 강조하며 AI를 활용하고 있다. 다논과 유니레버(Unilever)는 이러한 목표를 달성하기 위해 AI를 도입한 대표적 사례다.

다논의 자원 최적화

다논은 AI를 통해 생산 공정에서 발생하는 폐기물을 분석하고, 재활용 가능한 자원을 자동으로 분류하는 시스템을 구축했다. 이를 통해 플라스틱 사용량을 30퍼센트 줄이고 재활용 비율을 50퍼센트 이상 끌어올렸다. 이 시스템은 정교한 머신러닝 알고리즘을 활용해 폐기물의 화학적 성분과 재활용 가능성을 빠르게 식별하며, 폐기물 분류 과정을 완전히 자동화했다. 이를 통해 폐기물 처리 비용이 25퍼센트 절감되었고, 연간 1만 톤 이상의 자원이 재활용되었다.

또한 다논은 AI 기반 수요 예측 모델을 도입해 과잉 생산을 방지하고 식품 폐기율을 20퍼센트 이상 감소시켰다. 이 모델은 소비자 구매 패턴, 계절적 수요 변화 그리고 지역별 소비 트렌드를 분석해 최적의 생산량과 재고 수준을 계산한다. 이를 통해 다논은 특정 제품군에서 최대 35퍼센트의 비용 절감을 실현했으며, 소비자 만족도를 유지하면서도 공급망 효율성을 크게 향상했다.

아울러 다논은 AI를 활용해 공급망 내 에너지 사용을 최적화했다. 물류 차량의 운행 경로를 AI로 분석하고 최적화해 연료 소비를 15퍼센트 줄였으며, 이를 통해 탄소 배출량을 연간 5천 톤 이상 감소시켰다. 이러한 지속 가능성 목표는 다논의 글로벌 경영 전략에서 중요한 역할을 하며, 지속 가능한 식품 생산의 모범 사례로 자리 잡고 있다.

유니레버의 윤리적 소비자 캠페인

유니레버는 AI를 활용한 소비자 데이터 분석을 통해 윤리적 소비 캠페인을 강화했다. 여기서 AI는 소비자의 관심사를 분석하고, 친환경 제품에 대한 맞춤형 광고를 제공했다. 예를 들어 AI는 소비자의 구매 이력을 분석해 특정 지역에서 인기 있는 친환경 제품을 파악하고, 이를 기반으로 맞춤형 광고 캠페인을 설계했다. 이러한 광고는 소비자들에게 제품의 지속 가능성과 윤리적 생산 과정을 강조하며, 브랜드에 대한 신뢰를 구축하는 데 큰 역할을 했다.

또한 유니레버는 AI 기반 감정 분석 기술을 도입해 소비자 피드백을 실시간으로 수집하고 분석했다. 이를 통해 캠페인의 효과를 즉시 평가하고 필요한 경우 전략을 조정할 수 있었다. 예를 들어 소비자가 친환경 포장재에 긍정적인 반응을 보이면 해당 메시지를 더욱 강조하는 방식으로 광고를 개선했다. 그 결과 이 캠페인은 매출 증가와 소비자 인식 개선에 크게 기여했으며, 유니레버의 친환경 이미지와 시장 점유율을 강화하는 데 중요한 역할을 했다.

그뿐 아니라 유니레버는 AI를 활용해 소비자 행동 변화를 유도하기 위한 게임화된 애플리케이션을 개발했다. 이 애플리케이션은 소비자에게 친환경적 구매 습관을 장려하며, 지속 가능한 제품을 구매할 경우 포인트와 보상을 제공하는 시스템을 포함했다. 이 기술은 소비자 참여를 유도하고 브랜드 충성도를 높이는 데 효과적이었다.

아시아: 기술 융합과 혁신

아시아 지역은 기술 융합과 혁신을 바탕으로 AI를 활용한 독창적 사례를 보여 준다. 특히 중국의 알리바바(Alibaba)는 AI 도입을 통해 시장 경쟁력을 강화했다.

알리바바의 스마트 농업

알리바바는 AI와 사물인터넷을 결합한 스마트 농업 플랫폼을 통해 농작물의 생장 상태를 실시간으로 모니터링하고 있다. 이 플랫폼은 온도, 습도, 토양 상태를 분석해 작물 재배 환경을 최적화하며, 수확량을 25퍼센트 이상 증가시키는 데 기여했다. 이 시스템은 농작물의 생장뿐 아니라 농업 생산성에 영향을 미칠 수 있는 외부 요인들, 이를테면 기후 변화나 지역별 병충해 발생률 등을 예측하는 기능을 제공한다. 이를 통해 농민들은 더욱 효율적이고 예측 가능한 방식으로 작물을 관리할 수 있다.

아울러 알리바바는 스마트 온실 기술을 개발해 작물 재배의 자동화를 더욱 발전시켰다. 스마트 온실은 온도와 습도를 실시간으로 조절하며 자동 관개 시스템을 통해 물 사용량을 30퍼센트 절감했다. 이러한 기술은 특히 물 부족 지역에서 큰 효과를 발휘하며, 지속 가능한 농업의 모델로 자리 잡고 있다.

또한 알리바바는 스마트 물류 시스템으로 신선 식품의 유통 과정을 자동화해 소비자에게 신선한 제품을 더 빠르게 제공하고 있다. 이 물류 시스템은 AI 기반 알고리즘을 활용해 최적의 배송 경로를 설계하며, 도착 예상 시간을 소비자에게 실시간으로 알리는 기능을 포함하고 있다. 이를 통해 물류 효율이 40퍼센트 향상했으며, 소비자 만족도도 크게 증가했다. 이런 접근법은 알리바바가 기술 제공자를 넘어 지속 가능한 농업과 유통을 지원하는 주요 플랫폼으로 자리 잡는 데 기여하고 있다.

국내 기업: AI 활용 혁신

국내 기업들 역시 AI를 활용해 제품 개발, 업무 효율화, 고객 서비스 개선 등을 목표로 디지털 혁신을 꾀하며 경쟁력을 강화하고 있다.

롯데그룹

롯데그룹은 롯데마트와 롯데슈퍼에서 AI로 과일 · 고기 제품을 선별하고 있다. 롯데백화점 잠실점에서는 외국인 관광객을 위한 AI 기반 통역 서비스를 제공하며, 편의점 세븐일레븐에서는 AI 기반 챗봇 'AI-FC'를 통해 가맹점 관리와 정보 제공을 지원하고 있다.

CJ그룹

CJ그룹은 2022년에 AI센터를 설립해 계열사들의 AI 관련 데이터와 기반을 통합하며 디지털 전환을 촉진하고 있다. CJ제일제당에서는 김치용 배추 등급 선별을 자동화했으며, CJ프레시웨이에서는 급식 시스템 최적화와 데이터 분석을 도입했고, 바이오사이언스 사업에서는 생산 공정 및 품질 관리에 AI 활용을 확대하고 있다.

동원그룹

동원그룹은 식품 공정에 AI를 적극 도입해 생산 효율성과 품질 관리를 향상하고 있다. AI를 활용한 참치 등급 자동 판정 시스템을 통해 등급 분류의 정확도와 효율성을 높였다. 디프 러닝 기반 객체 탐지 모델을 이용해 참치 통조림 내 뼈를 자동 검출함으로써 제품의 품질과 안전성을 강화하고 있다. 조미 김 제품에 실리카겔이 적절히 투입되었는지 검사하는 AI 시스템을 도입해 생산 공정의 정확성과 효율성을 더욱 높였다. 이러한 기술 도입은 식품 생산 공정 자동화와 품질 관리 강화로 이어져 동원그룹의 업계 경쟁력을 한층 높이고 있다.

AI 도입이 글로벌 식품 산업에 가져온 혁신

AI는 글로벌 식품 산업에서 혁신의 중심에 있다. 북미의 생산과 물류 최적화, 유럽의 지속 가능성과 윤리적 소비, 아시아의 기술 융합과 혁신 사례는 AI가 식품 산업 전반에 걸쳐 광범위하게 활용되고 있음을 보여 준다.

앞으로도 AI는 지역별 · 산업별 특성을 반영해 더욱 다채로운 방식으로 발전할 것이며, 지속 가능한 미래를 위한 필수적 도구로 자리 잡을 것이다. AI 기술의 진보는 식품 산업 전반에 걸쳐 환경적 · 경제적 · 사회적 영향을 동시에 고려하는 새로운 패러다임을 제시한다. 이는 글로벌 식품 산업의 미래를 더욱 밝게 만들고 있다.

참고문헌

김연지(2024.10.25). CJ·롯데·동원 등 식품 업계, 'AI' 혁신 가속화…경쟁력 키운다. CEOSCOREDAILY, https://www.ceoscoredaily.com/page/view/2024102512520822809

박현주(2024.10.25.). 인공지능 도입·활성화 힘쓰는 동원 그룹. SR타임스, https://www.srtimes.kr/news/articleView.html?idxno=165073

정병묵(2024.4.10). "AI로 참치 잡고 등급 매기고"…'참치회사'가 AI에 진심인 이유. 이데일리, https://www.edaily.co.kr/news/read?newsId=0115456663

5574808
Brooks, R. et al.(2022). Use of artificial intelligence to enable dark nudges by transnational food and beverage companies: analysis of company documents. *Public health nutrition*, 25(5), pp.1291–1299.
Elittan, L. et al.(2024). Manufacturing Information System in the Coca-Cola Company. *International Journal of Research*, 11(2).
Jinzu, H. et al.(2024). Development of the Ajinomoto Group Nutrient Profiling System for Meals of the Japanese Food Culture. *Current Developments in Nutrition*, 8.
Kumari, A. et al.(2024). The Role of Artificial Intelligence(AI) in Sustainable Marketing. *Modern Management Science Practices in the Age of AI*(pp.71–90). IGI Global.
Miles, T.(2024). Rise of the smart machines: How concurrent planning and AI can help you win big in supply chain planning. Kinaxis.
Mynzhasarova, M.(2024). AI in Environmental Marketing: Transforming Branding Strategies for a Sustainable Future. *Вестник ЗКУ*, 95(3).
Oluwafunmise, F. & Olajide, H. E.(2024). Addressing Food Waste through Innovative Industrial Management and Technological Solutions. SSRN 4980497.
Paché, G.(2024). Monitor to Protect: The Proliferation of Bio-Connected Devices in Supply Chains. *Technium Social Science Journal*, 66, pp.441–451.
Patel, N. R.(2025). Supply Chain Management in the Digital Age for Industry 4.0. *Industry 4.0, Smart Manufacturing, and Industrial Engineering*(pp.179–195). CRC Press.

Torres Arpi Acero, A. & González Gil, F.(2021). Fuel Efficiency and Safety in Coca-Cola FEMSA Last-Mile Logistics. Supply Chain Management Capstone Projects.

Wang, X.(2020). *Blockchain Chicken Farm: And Other Stories of Tech in China's Countryside.* FSG Originals.

Wang, X.(2022). The World is a Factory Farm. *The Long Year: A 2020 Reader*(pp.245-254). Columbia University Press.

09
AI 구현을 위한 기술적 기초

AI는 식품 산업에서 생산 최적화, 품질 관리, 소비자 행동 분석 등 다양한 분야에 걸쳐 혁신을 이끌고 있다. 여기서 AI를 성공적으로 구현하려면 데이터 수집과 처리, 머신러닝 알고리즘 설계 등 기술적 기초를 이해하는 것이 중요하다. AI를 식품 산업에 적용하기 위한 핵심 기술과 그 구현 과정을 단계별로 살펴보자.

AI와 화장품?

데이터 수집

AI의 첫 단계는 데이터 수집이다. 데이터는 AI 모델의 기초며, 수집된 데이터의 질과 양이 AI의 성능을 좌우한다.

데이터의 종류

식품 산업에서 수집되는 데이터는 다음과 같은 형태로 나뉜다. '생산 데이터'는 온도, 습도, 공정 속도와 같은 제조 환경 정보를 말한다. '품질 데이터'는 제품의 크기, 색상, 맛과 같은 품질 측정치다. '소비자 데이터'는 판매 기록, 고객 리뷰, 소셜 미디어 언급 등을 가리킨다. '물류 데이터'는 배송 시간, 유통 경로, 재고 상태 등을 포함한다.

데이터 수집 방법

데이터는 센서, 사물인터넷 장치, 전사적 자원 관리(Enterprise Resource Planning, ERP) 시스템, 판매 시점 정보 관리(Point of Sale, POS) 시스템, 웹 페이지 등 다양한 출처에서 수집된다. 스마트 공장에는 온도, 습도, 생산 속도와 같은 정보를 제공하는 고급 센서가 설치되어 있어 생산 라인의 모든 공정을 실시간으로 모니터링하고 기록한다. 이 데이터는 제조 공정 최적화에 사용되며, 머신러닝 알고리즘이 품질 문제나 생산 병목 현상을 사전에 예측할 수 있도록 한다.

사물인터넷 장치는 생산 환경의 데이터를 중앙 관리 시스템으로 전송하며, 원격 제어 기능을 통해 기계의 작동 상태를 조정할 수 있다. 예를 들어 특정 기계가 과열되거나 비효율적으로 작동하는 경우, 시스템은 즉각적으로 알림을 보내고 적절한 조치를 취하도록 제안한다. ERP 시스템은 이러한 데이터를 통합해 공급망 전체의 투명성을 확보하고, 실시간으로 재고를 관리하며, 주문을 추적한다.

소비자 데이터는 POS 시스템과 전자상거래 플랫폼에서 수집되며, 구매 패턴, 선호도, 지역별 인기 제품 정보를 포함한다. 이러한 데이터는 소비자 행동을 분석해 맞춤형 마케팅 전략이나 신제품을 개발하는 데 필요한 통찰력을 제공한다. 예를 들어 대형 슈퍼마켓 체인은 POS 데이터를 분석해 특정 계절에 인기 있는 제품을 사전에 준비하고, 소비자 요구를 충족하기 위한 프로모션 캠페인을 설계한다. 소비자 데이터를 수집하는 또 다른 중요한 방법은 웹 크롤링(Web Crawling) 기술을 활용하는 것이다. 웹 크롤링은 인터넷에 공개된 정보를 자동으로 수집하고 분석하는 기술로, 소셜 미디어, 리뷰 사이트, 블로그, 온라인 포럼 등 다양한 플랫폼에서 소비자 의견과 트렌드를 파악하는 데 사용된다.

예컨대 식품 브랜드는 웹 크롤링을 통해 소비자 리뷰와 평점을 실시간으로 모니터링하고 이에 기반해 개선점을 신속히 찾는다. 전자상거래 플랫폼에서는 크롤링된 데이터를 활용해 경쟁사의 인기 제품 정보를 분석하거나, 가격을 비교하고 재고 현황을 확인해 자사 전략을 조정한다.

웹 크롤링은 대량의 데이터를 효율적으로 수집하고 분석할 수 있다는 장점이 있다. 소비자 요구를 예측하거나 신제품 개발 방향을 설정하는 데 유용하다. 단, 웹 크롤링 과정에서는 개인 정보 보호 및 데이터 사용 규정을 준수해야 하며, 공개적으로 접근 가능한 정보만을 수집하도록 주의를 기울여야 한다.

POS 데이터와 크롤링 기술의 결합은 기업이 소비자 행동을 심층적으로 이해하고 시장 변화에 민첩하게 대응할 수 있게 한다. 이러한 데이터 수집 방식은 식품 산업이 AI 기술을 성공적으로 적용하는 데 필수 요소로 자리매김하고 있다.

데이터 처리와 정제

수집된 데이터는 가공되지 않은 상태(raw data)로, AI 모델에 바로 사용하기 어렵다. 따라서 데이터 처리와 정제 과정이 필수적이다.

데이터 정제 과정

데이터 정제는 다음과 같은 과정을 거쳐 이루어진다. 먼저 '결측값 처리' 과정에서는 누락된 데이터를 평균값으로 대체하거나, 모델링에 적합하지 않은 경우 삭제한다. '이상값 제거' 과정에서는 통계적 기법을 사용해 비정상적으로 높은 값이나 낮은 값을 제거한다. '데이터 변환' 과정에서는 정규화를 통해 데이터의 스케일을 맞추거나, 범주형 데이터를 수치형 데이터로 변환한다.

데이터 저장과 관리

데이터는 클라우드 스토리지 또는 로컬 서버에 저장되며, 데이터 관리 플랫폼을 통해 체계적으로 관리된다. 클라우드 스토리지는 대규모 데이터를 저장하고 그것에 실시간으로 액세스할 수 있는 유연성을 제공한다. 특히 분산된 팀이 데이터를 동시에 처리해야 하는 경우에 효과적이다. 예를 들어 아마존 웹 서비스(Amazon Web Services, AWS)와 구글 클라우드 플랫폼(Google Cloud Platform)은 대규모 데이터 세트를 빠르게 처리하고 분석할 수 있도록 하는 서비스를 제공한다. 반대로 데이터 보안과 접근 제어가 중요한 경우에는 로컬 서버가 선호된다. 민감한 소비자 데이터나 기밀 생산 데이터를 다루는 식품 제조업체는 종종 로컬 서버를 활용해 데이터 유출 위험을 최소화한다.

빅데이터 처리 도구로는 하두프(Hadoop)와 스파크(Spark)가 널리 사용된다. 하두프는 데이터 저장 및 처리에 분산 구조를 활용하며, 대규모 배치 작업에 적합하다. 예를 들어 한 식품 유통 회사는 하두프를 활용해 수백만 개의 물류 데이터를 분석하고 재고 관리 효율성을 높였다. 스파크는 하두프보다 더 빠른 속도로 데이터를 처리하며, 실시간 데이터 스트리밍과 머신러닝 작업에 적합하다. 스파크는 식품 품질 데이터를 실시간으로 분석해 결함 발생 시 경고하는 시스템에 활용될 수 있다. 이러한 도구들은 대규모 데이터를 효율적으로 처리하고, 식품 산업에서 AI 솔루션의 성능을 극대화하는 데 기여한다.

머신러닝 알고리즘 설계

데이터로부터 패턴을 학습하는 머신러닝 알고리즘은 AI 모델을 설계하는 단계에서 핵심 역할을 한다.

머신러닝의 종류

지도 학습(supervised learning)은 입력 데이터와 출력 데이터(레이블)가 있는 데이터 세트를 이용해 예측 모델을 학습시키는 방식이다. 입력 데이터에 따라 정해진 결과를 예측하는 데 주로 사용된다. 식품의 품질을 "양호"와 "불량"으로 분류하거나, 특정 제품의 판매량을 예측하는 모델이 이에 해당한다. 네슬레는 지도 학습 알고리즘을 활용해 생산 과정에서 발생하는 결함을 사전에 감지하며, 품질 관리 자동화를 성공적으로 구현했다. 지도 학습을 적용한 알고리즘으로는 선형 회귀, 의사 결정 나무(Decision Tree), 랜덤 포레스트, 서포트 벡터 머신(Support Vector Machine, SVM) 등이 있다.

비지도 학습(unsupervised learning)은 레이블 없이 데이터의 패턴이나 구조를 분석하는 데 사용된다. 데이터 군집화, 이상치 탐지, 차원 축소와 같은 작업에 주로 활용된다. 예를 들어 비지도 학습은 소비자의 구매 행동 데이터를 분석해 비슷한 소비자 그룹(세그먼트)을 만드는 작업이나, 유통 과정에서 발생할 수 있는 물류 이상치를 탐지하는 데 사용될 수 있다. 비지도 학습을 적용한 알고리즘으로는 K-평균(K-Means), 디비스캔(DBSCAN), 주성분 분석(Principal Component Analysis, PCA) 등이 있다. 다논은 비지도 학습을 통해 물류 프로세스의 최적화를 달성하고 있다.

강화 학습(reinforcement learning)은 행동과 보상의 관계를 학습해 최적의 정책을 도출하는 방식이다. 주로 순차적 결정 문제와 같은 복잡한 작업에서 사용된다. 예를 들어 강화 학습은 생산 라인에서 자원의 분배를 최적화하거나, 물류 경로를 실시간으로 조정해 운송 비용을 절감하는 작업에 활용된다. 알리바바는 강화 학습을 이용한 스마트 물류 시스템으로 유통 효율성을 극대화하고 있다. 강화 학습을 적용한 알고리즘으로는 Q-러닝(Q-Learning), 심층 결정론적 정책 경사(Deep Deterministic Policy Gradient, DDPG), 프록시멀 정책 최적화(Proximal Policy Optimization, PPO) 등이 있다.

지도 학습, 비지도 학습, 강화 학습은 각각 고유한 장점과 응용 사례를 가지고 있으며, 식품 산업에 다양한 방식으로 적용되고 있다. 각 알고리즘은 해결해야 할 문제와 데이터의 성격에 따라 선택되어야 한다.

알고리즘 선택 기준

적합한 머신러닝 알고리즘을 선택하려면 다양한 요소를 고려해야 한다. 먼저 데이터의 크기와 형태가 중요한 기준이 된다. 예를 들어 수백만 개 이상의 대규모 데이터일 경우 디프 러닝 기반 알고리즘이 더 나은 결과를 제공할 수 있다. 데이터가 상대적으로 적다면 단순 선형 회귀나 랜덤 포레스트와 같은 전통적인 머신러닝 알고리즘이 효과적일 수 있다.

모델의 복잡성 또한 중요한 고려 사항이다. 예를 들어 제품의 품질을 '양호'와 '불량'으로 분류하는 단순한 경우에는 비교적 단순한 알고리즘으로도 충분하다. 그러나 다차원적 데이터를 처리하고 정교한 패턴을 학습해야 한다면 합성곱 신경망(Convolutional Neural Network, CNN)이나 생성적 적대 신경망(Generative Adversarial Network, GAN)과 같은 복잡한 모델이 필요하다.

실시간 예측은 알고리즘 선택에서 또 다른 중요한 요인이다. 실시간 예측이 필요한 경우 예측 속도가 빠르고 계산 효율성이 높은 모델이 필요하다. 예를 들어 생산 라인에서 결함을 즉각 탐지해야 한다면 CNN과 같은 모델이 적합하며, 공급망 데이터에서 시간 연속성을 다뤄야 하는 경우에는 순환 신경망(Recurrent Neural Network, RNN) 또는 장단기 메모리(Long Short-Term Memory)를 사용할 수 있다.

알고리즘의 해석 가능성 역시 고려해야 한다. 식품 제

조업체는 규제 요건이나 품질 인증 프로세스에서 예측의 근거를 명확히 설명해야 할 수 있다. 이 경우 의사 결정 나무나 SHAP(SHapley Additive exPlanations) 같은 해석 가능성을 제공하는 기법을 사용하는 것이 중요하다. 이러한 접근법은 AI 모델이 투명성과 신뢰성을 갖추는 데 기여한다.

사례: AI 기반 식품 품질 관리 시스템

식품 제조업체는 AI를 활용해 품질 관리를 자동화하고 있다. 예를 들어 고해상도 카메라와 CNN 알고리즘을 사용해 제품의 외관 결함을 실시간으로 감지한다. 이 시스템은 결함이 발견되면 자동으로 생산 라인을 정지시키거나 불량 제품을 제거하도록 설정된다. 이를 통해 품질 관리 비용을 절감하고 소비자 불만 사례를 감소시킬 수 있다.

이러한 AI 시스템은 결함을 감지하는 데 그치지 않고, 결함의 원인을 분석해 문제를 사전에 예방하는 데 활용되고 있다. 예를 들어 AI 시스템은 제조 공정 중 특정 장비에서 발생하는 반복적인 결함 패턴을 식별해, 해당 장비의 유지 보수 일정을 조정하거나 부품 교체를 제안한다. 이를 통해 전체 공정의 신뢰성과 효율성이 향상된다.

또한 AI 기반 품질 관리 시스템은 다중 데이터 소스를 통합해 더욱 정교한 결정을 내린다. 예를 들어 온도, 습도, 생산 속도 등의 환경 데이터를 결합해 외관 결함과의 상관관계를 분석한다. 이 데이터를 기반으로 공정 조건을 최적화해 불량률을 더욱 감소시킬 수 있다.

네슬레는 독일 오스트호펜 생산 시설에서 시크(SICK)의 디프 러닝 소프트웨어를 활용한 AI 시스템을 도입해 생산 공정을 혁신했다. 특히 제품 용기에 투명 계량 스푼이 포함되어 있는지 검수하는 과정에서 기존 센서 기반 이미지 처리 시스템의 한계를 극복하기 위해 AI 기반 2D 스냅숏 카메라(picoCam)와 디프 러닝 소프트웨어(dStudio)를 적용했다. 이를 통해 생산 속도가 분당 80개 이상의 용기를 처리하는 수준으로 유지되는 상황에서도 높은 검수 정확도를 확보했으며, 계량 스푼 누락 감지에서 오류율을 거의 0에 가깝게 줄이는 데 성공했다.

또한 AI 시스템은 스푼이 누락될 경우 자동으로 생산을 중단하고, 누락된 스푼이 추가되면 별도의 수동 재시작 없이 자동으로 생산을 재개하도록 설계되어 운영 효율성을 크게 향상했다. 이 같은 혁신은 생산 공정의 정확성과 효율성을 크게 개선하며 스마트한 생산 관리 시스템을 통해 품질과 지속 가능성을 동시에 확보한 대표적 사례로 자리 잡았다. 네슬레는 고해상도 카메라와 CNN 알고리즘을 활용해 생산 라인에서 발생하는 품질 결함을 실시간으로 탐지하고, 이를 통해 생산 중단을 최소화하며 효율성을 극대화하고 있다. 이러한 사례는 품질 관리에서 AI가 단순한 도구를 넘어 전략적 자산으로 자리 잡고 있음을 보여 준다.

미래 혁신의 기반: AI 기술

AI를 식품 산업에 성공적으로 도입하려면 데이터 수집, 처리, 머신러닝 설계를 체계적으로 구현해야 한다. 데이터 수집은 센서와 사물인터넷 장치를 통해 실시간으로 이루어진다. 이때 수집된 데이터를 효율적으로 저장하고 관리하는 클라우드 기술의 역할이 매우 중요하다. 처리와 정제 단계에서는 데이터의 품질을 보장하기 위해 이상값 제거, 정규화 등의 기술적 과정을 거친다. 머신러닝 설계에서는 데이터의 특성과 요구 사항에 따라 적합한 알고리즘을 선택하고, 이를 기반으로 고도화된 모델을 구현한다.

예를 들어 생산 라인의 품질 관리에는 CNN과 같은 디프 러닝 기술이 도입되고 있으며, 수요 예측에는 시계열 분석 모델인 장단기 메모리가 활용된다. 이러한 기술들은 실제 산업 환경에서의 테스트와 검증 과정을 통해 더욱 정교해지고 있으며, 운영 효율성과 제품 품질을 개선한다. 이러한 기술적 기반은 식품 산업이 미래의 도전 과제에 대응하고 지속 가능한 혁신을 이루는 데 필수적이다.

참고문헌

Krishnan, P. et al.(2024). AI-Driven Intelligent IoT Systems for Real-Time Food Quality Monitoring and Analysis. *2024 International Conference on Trends in Quantum Computing and Emerging Business Technologies*(pp.1-5). IEEE.

Oluwafunmise, F. et al.(2024). Addressing Food Waste through Innovative Industrial Management and Technological Solutions. SSRN 4980497.

SICK Sensor Blog(2022.5.10). Artificial intelligence at Nestlé: Innovative process control with deep learning. SICK Sensor Blog, https://www.sick.com/br/pt/sick-sensor-blog/artificial-intelligence-at-nestle-innovative-process-control-with-deep-learning/w/blog-artificial-intelligence-nestle/

Sinha, G. K. & Mishra, S.(2023). Sustainable Supply Chain Management Practices in the Dairy Industry: A Comparative Study of Leading Dairy Firms and Future Research Directives. *Asian Journal of Dairy & Food Research*, 42(4).

Zhou, Z. H.(2021). *Machine Learning*. Springer Nature.

10
식품 산업과 AI의 미래 전망

AI는 식품 산업에 혁신적 변화를 가져오며, 생산부터 소비자 경험에 이르기까지 산업 전반을 재구성하고 있다. 그러나 AI의 발전은 기술적 변화에 그치지 않고 윤리적 · 사회적 · 환경적 도전과 기회를 동반한다. AI가 미래 식품 산업에서 이끌어 낼 주요 변화를 살펴보고, 그에 따른 도전 과제와 잠재적 영향을 조망해 보자.

종교와 AI?

AI가 가져올 주요 변화

생산과 자동화의 혁신

AI는 생산 자동화를 한층 정교하게 만들어 효율성과 정확성을 극대화하고 있다. 미래에는 로봇공학과 AI의 결합으로 완전 자동화된 스마트 공장이 보편화할 것으로 예상된다. 이러한 공장은 실시간 데이터 분석을 통해 자원 소비를 최적화하고 환경 영향을 최소화하는 방향으로 운영될 것이다.

AI 기반 로봇은 다양한 식품 포장 작업에서 오류를 줄이며 맞춤형 패키징 솔루션을 제공할 수 있다. 이는 소비자의 개인화된 요구를 충족하면서도 폐기물 발생을 줄이는 데 기여할 것이다.

이러한 로봇들은 포장재의 재활용 가능성을 분석하고 지속 가능한 재료를 우선적으로 사용하는 시스템과 통합될 수 있다. 이로써 특정 제품에 적합한 재활용 가능한 포장재를 선택하고, 사용 후 소비자가 이를 쉽게 분류하도록 하는 지침을 포함한 QR 코드를 추가할 수 있다.

또한 로봇은 맞춤형 진공 포장이나 대기 조절 포장(Modified Atmosphere Packaging, MAP)을 자동으로 적용하는 데 사용될 수 있다. 이러한 기능은 소비자와 제조업체 모두에게 이익을 가져다주며, 식품 폐기물을 줄이는 데 중요한 역할을 한다. AI 로봇은 나아가 사물인터넷 기술과 연결되어 포장 과정의 실시간 데이터를 분석하고, 특정 포장 프로세스가 에너지 소모를 줄이는 방향으로 최적화되도록 조정할 수 있다.

소비자 중심의 맞춤형 식품

AI는 소비자의 건강 상태와 선호도에 맞춘 맞춤형 식품을 설계하는 데 중추적인 역할을 할 것이다. 개인의 유전 정보와 식습관 데이터에 기반한 식단 추천은 미래 식품 산업의 핵심 서비스가 될 가능성이 높다. 또한 스마트폰 애플리케이션과 웨어러블 기기는 소비자와 AI의 상호작용을 강화하며, 이를 통해 즉각적 피드백과 맞춤형 솔루션을 제공할 수 있다.

지속 가능한 공급망

AI는 공급망 관리의 복잡성을 단순화하고, 지속 가능성을 강화하는 데 기여할 것이다. 예측 분석은 수요와 공급의 균형을 맞추는 데 사용되며, 이를 통해 식품 낭비를 줄이고 탄소 발자국을 최소화할 수 있다. 예를 들어 AI는 물류 데이터를 분석해 최적의 배송 경로를 설계하며, 에너지 사용량을 줄이고 비용을 절감할 것이다.

윤리적 소비와 AI

미래의 소비자들은 제품의 윤리적 가치에 더 큰 관심을 가질 것으로 보인다. AI는 투명한 생산 공정을 보장하고, 지속 가능성과 공정 무역 인증을 실시간으로 추적할 수 있는 도구를 제공할 것이다. 예를 들어 IBM의 블록체인 기반 "푸드 트러스트(Food Trust)" 플랫폼은 농장부터 식탁까지 모든 과정을 투명하게 기록해 소비자에게 생산 과정에 대한 신뢰를 준다. 이를 통해 소비자는 자신이 구입한 제품이 지속 가능한 방식으로 생산되었는지, 공정 거래 기준을 준수했는지 확인할 수 있다.

또한 AI는 생산 과정에서 발생하는 탄소 배출량을 분석하고 이를 감소시킬 방법을 제안할 수 있다. 네슬레는 AI를 활용해 제품 생산 공정에서 에너지 사용량을 최적화하고 환경 영향을 최소화하는 프로젝트를 실행 중이다. 이러한 기술은 소비자 신뢰를 높이고 브랜드 충성도를 강화하는 데 기여할 것이다.

더 나아가 AI는 소비자들이 윤리적 선택을 쉽게 할 수 있게 하는 맞춤형 정보를 제공할 수 있다. 예를 들어 스마트폰 애플리케이션과 연동된 AI 시스템은 소비자가 구매하려는 제품의 원산지, 생산 과정, 환경 영향을 분석해 지속 가능한 선택을 돕는다. 이와 같은 기술은 지속 가능성과 윤리적 소비를 동시에 실현할 수 있는 강력한 도구가 될 것이다.

도전과 기회

기술적 도전

AI의 성공적 구현을 위해서는 고품질 데이터와 강력한 컴퓨팅 인프라가 필수적이다. 고품질 데이터는 AI 모델의 성능을 좌우하는 핵심 요소다. 데이터의 양뿐 아니라 다양성과 정확성도 중요하다. 예를 들어 식품 산업에서 AI를 활용해 품질을 검사하려면 제품의 색상, 질감, 크기 등 다양한 데이터를 포함해야 한다. 그래야만 AI 모델이 더욱 정밀한 결과를 제공할 수 있다.

강력한 컴퓨팅 인프라도 필수적이다. AI는 대량의 데이터를 처리하고 복잡한 알고리즘을 실행하는 과정에서 높은 계산 능력을 요구한다. 클라우드 기반 솔루션은 이러한 요구를 충족하는 데 효과적이다. 아마존 웹 서비스, 마이크로소프트 애저(Azure), 구글 클라우드(Google Cloud)와 같은 플랫폼이 주요 선택지로 사용되고 있다. 이러한 서비스는 대규모 데이터를 실시간으로 처리하고 저장할 수 있는 유연성을 제공한다.

그러나 중소 식품 기업은 이러한 기술적 요구를 충족

하기 어려울 수 있다. 제한된 예산과 전문 인력이 부족한 상황에서 고성능 하드웨어와 데이터 인프라를 구축하는 것은 큰 부담이 될 수 있다. 이와 같은 문제를 해결하기 위해 정부나 대기업이 중소 기업을 대상으로 기술 지원 프로그램을 운영하는 방식이나, 클라우드 서비스 제공업체가 저비용 구독 모델을 도입하는 방식이 필요하다.

또한 AI 모델의 정확성과 신뢰성을 확보하는 것도 큰 도전 과제다. 모델이 학습하는 데이터가 불완전하거나 편향되어 있다면 결과 또한 신뢰할 수 없다. 이를 해결하는 데에는 지속적인 데이터 검증과 알고리즘 개선이 필요하며, 데이터의 품질을 유지하기 위한 관리 시스템을 도입하는 것이 중요하다. 예를 들어 데이터 레이블링 작업을 자동화하거나 전문가 검토 과정을 추가해 데이터 정확도를 높이는 방식이 있다.

요컨대 AI가 식품 산업에서 성공적으로 구현되려면 데이터와 인프라에 대한 투자와 더불어 중소 기업을 지원하기 위한 정책적 노력이 병행되어야 한다. 이를 통해 모든 규모의 기업이 AI의 혜택을 누리고 지속 가능한 발전에 기여할 수 있을 것이다.

윤리적 논의

AI 활용이 확대되면서 데이터 프라이버시와 알고리즘의 편향성 문제가 중요한 논의 대상이 되고 있다. 소비자 데이터를 안전하게 관리하고 AI 시스템의 공정성을 보장하는 것은 필수 과제다. 예를 들어 AI 기반 데이터 분석 플랫폼은 소비자의 구매 이력과 개인적 데이터를 처리해 맞춤형 서비스를 제공한다. 그러나 이러한 과정에서 데이터 유출이나 악의적 사용 가능성이 우려된다. 따라서 데이터 암호화와 보안 기술의 발전이 필수적이다.

또한 알고리즘의 편향성 문제는 공정성과 신뢰성을 저해할 수 있다. AI가 학습하는 데이터가 특정 그룹에 치우쳐 있을 경우 잘못된 결론이나 차별적 결과를 초래할 수 있다. 이를 방지하려면 다양한 데이터 세트를 통합하고 알고리즘의 투명성을 높이는 기술적 접근이 필요하다. 예를 들어 AI 시스템의 의사 결정 과정을 설명하는 설명 가능한 AI(eXplainable AI, XAI) 기술은 알고리즘의 공정성과 신뢰성을 강화하는 데 기여한다.

이러한 문제를 해결하지 못하면 기술에 대한 신뢰가 떨어지고, AI 확산이 제한될 가능성이 있다. 따라서 데이터 보호와 공정성 보장을 위한 법적 규제와 기술 개발이 병행되어야 하며, 이로써 AI가 식품 산업에서 지속 가능하고 책임 있는 방식으로 활용될 수 있도록 해야 한다.

사회적 영향

AI로 인한 일자리 변화는 긍정적 영향과 부정적 영향을 동시에 가져올 것이다. 단순 작업의 자동화는 생산성을 높이는 동시에 반복적이고 위험한 작업에서 인간의 부담을 덜어 줄 수 있다. 예를 들어 식품 가공 공장에서 AI 기반 로봇이 위험한 기계 작업이나 위생 관리 작업을 대신 수행하면서 작업 환경이 안전해지고 작업자의 건강 문제가 감소했다. 그러나 이러한 자동화는 기존의 단순 직업군에서 노동 수요를 감소시키며, 이로 인해 일부 계층의 일자리 손실이 우려된다.

고급 기술을 요구하는 AI 관련 직업군의 수요는 증가할 것으로 예상된다. 이는 데이터 과학자, AI 엔지니어, 로봇 프로그래머와 같은 새로운 직업의 창출로 이어질 것이다. 하지만 이러한 기술 기반 직업군에 적응하기 위한 교육과 훈련 기회가 충분하지 않다면 기술 격차와 경제적 불평등이 심화할 수 있다. 따라서 정부와 기업은 기술 발전과 사회적 수용성 간 균형을 맞추기 위해 직업 재교육 프로그램과 기술 훈련을 확대할 필요가 있다.

예를 들어 네슬레는 직원들이 AI를 효과적으로 활용

할 수 있도록 다양한 교육과 도구를 제공하고 있다. 특히 내부적으로 개발한 '네스GPT(NesGPT)'라는 챗GPT 기반 플랫폼을 통해 직원들이 생산성과 의사 결정을 지원받을 수 있는 안전하고 개인적인 환경을 조성하고 있다. 이를 위해 네슬레는 조직 전반에 걸쳐 네스GPT 활용 교육을 실시했으며, 이를 통해 영업, 제품 혁신, 마케팅, 법무 등 다양한 부서에서 직원들이 효율성을 높이고 스마트하게 업무를 수행하고 있다.

또한 네슬레는 엔드 투 엔드 제품 혁신 과정의 일환으로 새로운 독자적 도구를 활용하고 있다. 이 기술은 소비자 인사이트를 기반으로 팀이 더 빠르고 효율적으로 제품 아이디어를 생성하고 테스트할 수 있도록 지원하고 있다. 현재까지 약 100명의 혁신 커뮤니티 구성원들이 이 도구 사용에 대한 교육을 받았으며, 간단한 프롬프트를 통해 이 도구를 초기 개념을 개발하는 데 활용하고 있다. 이러한 노력 덕분에 제품 아이디어 개발 과정이 기존의 6개월에서 6주로 단축되는 성과를 거두었다.

네슬레는 이러한 AI 도구와 교육 프로그램을 통해 직원들이 최신 기술을 활용해 업무 효율성을 높이고, 혁신적 아이디어를 신속하게 구현할 수 있도록 지원하고 있다. 이러한 접근은 노동 시장의 변화를 관리하고 기술 발전과 사회적 안정성을 동시에 달성하는 데 중요한 역할을 한다. 따라서 AI 기술의 확산은 단순히 일자리의 감소나 대체로만 간주되어서는 안 되며, 이를 통해 창출될 기회와 함께 종합적으로 평가되어야 한다.

지속 가능한 미래를 향한 AI

AI는 미래 식품 산업의 혁신을 이끄는 핵심 기술로 자리잡을 것이다. 생산성과 지속 가능성을 강화하는 동시에 소비자 맞춤형 서비스를 제공하며 산업을 변화시킬 것이다. 예를 들어 자동화된 생산 공정은 자원 사용을 최소화하고, 에너지 효율성을 높이며, 환경 영향을 줄이는 데 기여할 것이다. 또한 AI 기반의 예측 분석은 공급망의 복잡성을 단순화하고, 식품 낭비를 크게 줄이는 데 중요한 역할을 할 것이다.

그러나 기술적 · 윤리적 · 사회적 도전에 대한 철저한 준비와 지속적 논의가 필요하다. 예를 들어 데이터 프라이버시와 알고리즘의 공정성을 보장하기 위한 규제와 기술적 솔루션이 필요하며, 이러한 문제를 해결하지 못하면 소비자 신뢰가 떨어질 위험이 있다. 더 나아가 AI의 확산이 노동 시장에 미치는 영향을 고려해 기술 발전과 일자리 전환 간 균형을 유지하는 정책이 요구된다. 이러한 도전 과제에 성공적으로 대응한다면, AI는 지속 가능한 식품 산업의 기반을 다지고 전 세계적으로 식량 안보와 환경 보존을 동시에 달성하는 중요한 동력이 될 것이다.

또한 미래에는 AI 기술의 발전과 함께 윤리적 소비를 지원하는 새로운 도구가 등장할 것이다. AI는 소비자들에게 제품의 원산지와 생산 과정에 대한 정보를 실시간으로 제공하며, 지속 가능한 선택을 장려하는 데 사용될 것이다. 이는 소비자의 신뢰를 강화할 뿐 아니라, 기업이 장기적 경쟁 우위를 확보하는 데 기여할 것이다. 궁극적으로 AI는 기술적 혁신과 사회적 책임을 결합해 식품 산업의 전반적 지속 가능성을 증진하는 데 핵심 역할을 할 것이다.

참고문헌

Anozie, U. C. et al.(2024). Harnessing big data for Sustainable Supply Chain Management(SSCM): Strategies to reduce carbon footprint. *International Journal of Science and Research Archive*, 12(2), pp.1099-1104.

Chollet, F.(2021). *Deep Learning with Python*. Simon and Schuster.

Goodfellow, I.(2016). *Deep Learning*. MIT Press.

Gunning, D. et al.(2019). XAI—Explainable artificial intelligence. *Science robotics*, 4(37).

James, G. et al.(2013). *An Introduction to Statistical Learning.* Springer.

Kuhn, M. & Johnson, K.(2013). *Applied Predictive Modeling.* Springer.

Lee, J.(2023). *Industrial AI: Applications with Sustainable Performance.* Springer.

Russell, S. & Norvig, P.(2021). *Artificial Intelligence: A Modern Approach.* Pearson.

Shah, V.(2024.6.1). Unlocking New Opportunities with Gen AI. Nestlé, https://www.nestleusa.com/stories/unlocking-new-opportunities-gen-ai

Singh, V. & Sharma, S. K.(2023). Application of blockchain technology in shaping the future of food industry based on transparency and consumer trust. *Journal of Food Science and Technology*, 60(4), pp.1237-1254.

김상오

단국대학교 식품공학과 조교수로 재직 중이다(2024.9.1~). 서울대학교에서 식품공학 학사·석사·박사 학위를 취득했다. LG전자에서 16년간 프로젝트 리더 및 소프트웨어 아키텍트로 근무하며 스마트 가전제품 개발에 참여하고 제품 양산을 진행했다(2004.5.31~2020.2.28). 현재는 인공지능, 사물인터넷, 빅데이터를 활용한 식품 저장 및 가공 기술, 스마트 식품공정 자동화, 확장현실 기반의 식품 시스템 개발 분야를 연구하고 있다. 상명대학교를 거쳐(2020.3.1~2024.8.31) 단국대학교에서 학생들과 함께 연구를 수행하고 있으며, 이화여자대학교와 중앙대학교에서도 관련 강의를 맡아 진행하고 있다. 한국식품과학회, 한국산업식품공학회, 대한지역사회영양학회, 한국급식외식위생학회 등의 학회에서 임원으로 활동 중이며, 지금까지 30편 이상의 KCI, SCOPUS, SCI(E) 논문과 150건 이상의 국내외 특허를 통해 식품공학 및 융합 기술 분야의 발전에 기여하고 있다.